1시간에 읽는 니체
Nietzsche in 60 Minuten

1시간에 읽는 니체
Nietzsche in 60 Minuten

발터 지글러
Walther Ziegler
지음

이성주, 강진영 옮김

(주) 교학도서

차례

모든 신은 죽었다:
이제 우리는 원한다,
위버멘쉬가 살기를. [1]

1. 니체의 위대한 발견

프리드리히 니체(1844-1900)는 모든 철학자 중에서 가장 어둡고, 급진적이며, 논란이 많은 철학자라고 일컬어지고 있다. 그가 가장 어두운 철학자라는 것은 이전까지 인간에게 위로와 안정과 희망을 주었던 모든 것에 대해 깊은 의심을 품었기 때문이다. 그가 가장 급진적이라는 것은 수 세기 동안 가장 타당하게 영구적으로 통용되어 왔던 모든 것을 뿌리까지 송두리째 파헤치는 일을 감행했기 때문이다. 그가 가장 논란이 많은 철학자라는 것은 그의 도발적인 철학이 오늘날까지 많은 비판자를 양산했을 뿐 아니라 동시에 그만큼 많은 열광적인 추종자를 지니고 있기 때문이다.

니체의 작품은 철학사의 획기적 사건 그 이상이며, 인류의 자기 인식에 내려친 번갯불이자 전환점이다. 그의 핵심 사유는 현대인의 의식 속에 깊이 새겨져 있다. 그는 단 하나의 짧은 문장으로 오늘날까지 모든 서구 문명을 통틀어 가장 큰 과제를 표명한다.

신은 죽었다! [2]

이 말은 온 세계에 유명하다. 니체를 전혀 알지 못하는 사람들에게도 잘 알려져 있다. 그의 이 말은 자연과학의 발전 이후 사람들을 사로잡은 뒤 한 번도 떠나지 않았던, 한 감정의 핵심을 제대로 표현했기 때문이다. 이 감정은 근대 이후 대중화된 무신론에서 정점에 다다랐으며, 우리에게 '의미'에 관해 문제를 제기하도록 강요한다. 그런데 니체가 1885년 그의 걸작 『차라투스트라는 이렇게 말했다』에서 선언한 '신의 죽음'은 하나의 사건이 아니라, 오히려 그 징후를 미리 드러내 놓고 있는 하나의 과정이다.

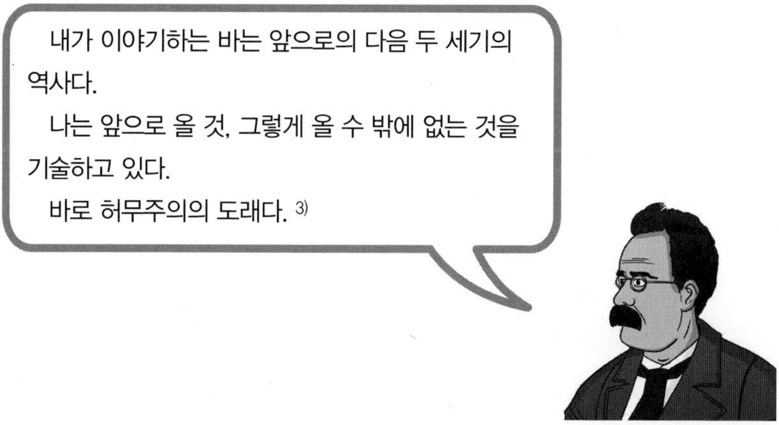
내가 이야기하는 바는 앞으로의 다음 두 세기의 역사다.
나는 앞으로 올 것, 그렇게 올 수 밖에 없는 것을 기술하고 있다.
바로 허무주의의 도래다. [3]

거의 이천 년 동안 기독교는 세상의 모든 본질을 설명할 수 있었던 것처럼 보였고, 동시에 오랜 기간 인간은 스스로 신의 피조물이라는 안정감을 느낄 수 있었다. 니체는 이렇게 오래된 세계관이 돌이킬 수 없을 정도로 붕괴할 것을 처음으로 감지한 사람 중 한 명이었다.

그와 동시대인이었던 다윈은 진화론을 발전시켰는데, 이에 따르면 인간은 신의 피조물이 아니라, 단지 고등 포유동물에 지나지 않는다. 이 무렵 마르크스는 인류에게 자신의 운명을 스스로의 손에 맡기라고 강권하였으며, 한편 물리와 의학 등 자연과학은 점점 더 승승장구하고 있었다. 이제 과학적으로 증명할 수 없는 모든 것은 의문시되었고, 천지창조 이야기, 동정녀 마리아의 잉태, 그리고 마지막으로 하나님 자체 또한 의심받았다. 하지만 과학자를 비롯한 학자들뿐만 아니라 우리가 모두 점차 신으로부터 '세계를 설명하는 힘'을 서서히 빼앗아 갔다고 니체는 주장한다.

신은 어디에 계시나요?
(...) 우리가 그를 죽였어. 너와 나!
우리는 모두 그의 살인자다! 4)

니체는 자기 자신을 ‘적그리스도(Antichrist)’, ‘반도덕주의자(Immoralist)’로 불렀다. 하지만 그의 핵심 사유는 결코 단순히 기독교 비판이나 도덕 비판에 국한하지 않는다. 그의 관심사는 다음 한 가지다. 내세에 대한 믿음이 그 힘을 잃게 된다면, 인류는 어떻게 될까? 종교적인 안위가 사라지고 허무주의가 만연하면, 무슨 일이 일어날까?

우리는 어디로 가는 것일까?
모든 햇살로부터 떨어져 나오는 것은 아닐까?
(...) 끝없는 무(Nichts, 無) 속에서 헤매는 것은 아닐까?
공허한 공간이 우리를 조금씩 잠식해 버리는 것은 아닐까?
(...) 끝없이 밤이, 그리고 또다시 밤이 찾아오는 것은 아닐까? [5]

이로써 니체는 허무주의가 도래하는 시대 속에서 자기 정체성에 대한 위대한 질문을 던진다. 신의 죽음과 함께 신이 주신 십계명 역시, 그리고 경건함이나 복종함마저 질서를 만드는 힘을 잃어버린다. 우리에게 살아갈 만한, 아니 죽을 만한 가치가 도대체 남아 있기는 한 것인가?

이 질문이 바로 우리 시대에 가장 핫(hot)한 것이 되었기 때문에 니체는 포스트모던의 첫 번째 철학자로 여겨진다. 왜 포스트모던인가? 모던(현대)은 여전히 계몽주의 시대의, 세계를 가능한 경우의 수 중 최선으로 보는 낙관주의(Optimismus)와 이에 맞춰 세계가 보다 나은 질서를 향해 진보한다는 기대로 지탱되고 있었다. 루소, 볼테르, 몽테스키외, 칸트, 로크, 흄 등의 철학자들은 미신과 종교적 복종으로부터 인간을 해방시켜 주길 원했다. 하지만 니체는 더 급진적이다. 그는 여기에서 한 걸음 더 나아가 도대체 이러한 해방 뒤에 무슨 일이 일어날지에 대해 질문하였다. 신화적이며 종교적인 세계상이 모두 파괴된다면, 무엇이 우리 삶에 의미를 부여해 줄까? 그의 대답은 한결같다.

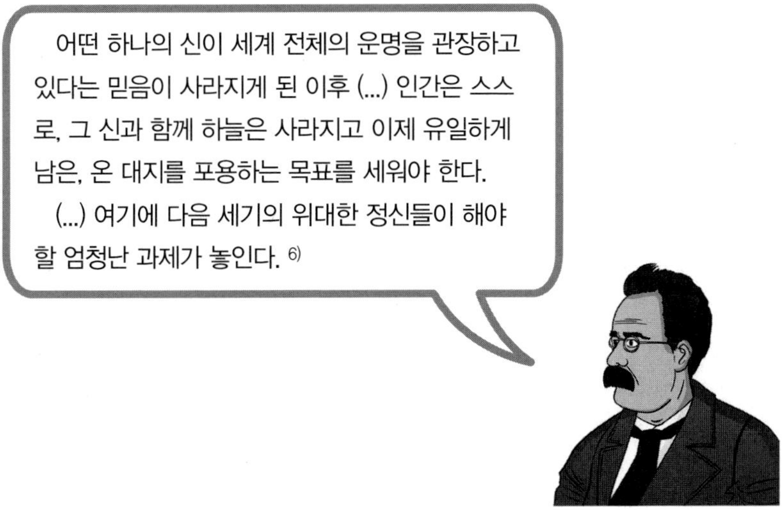
어떤 하나의 신이 세계 전체의 운명을 관장하고 있다는 믿음이 사라지게 된 이후 (...) 인간은 스스로, 그 신과 함께 하늘은 사라지고 이제 유일하게 남은, 온 대지를 포용하는 목표를 세워야 한다.
(...) 여기에 다음 세기의 위대한 정신들이 해야 할 엄청난 과제가 놓인다. [6]

그렇다면 우리는 장래에 이 지구상에 유효한 목표를 스스로 정해야 하는 '엄청난 과제'를 지닌다. 이것은 '신의 죽음' 이후에 감당해야 하

는 '위대한 자유'다. 하지만 니체가 보기에, 인간은 이러한 자유를 자각하고 누리기보다는 다시 안전함과 나아갈 방향을 약속하는 새로운 신과 우상을 만들어낸다. 니체가 예언하길, 이러한 나약한 정신들, '소인배들(Kleingeister)'은 오래된 신에 대한 경배를 그치는 대신, 이제 물질적 구원이라는 수십만 개의 약속에 믿음을 바치게 된다. 그들은 앞으로 국가주의, 사회주의, 인종주의 또는 현대 자본주의와 민주주의의 '은총'을 맹목적으로 쫓을 것이다. 니체는 놀라운 선견지명으로 이러한 새로운 우상숭배를 비판한다. 그는 확고부동한 유럽인으로, 특히 동시대의 독일 우월주의와 각종 민족(국가)주의 경향에 분노한다.

뿔 달린 멍청한 가축 같은 민족(국가)주의 배후에 당최 어떤 생각이라는 게 있기는 한 걸까?
모두 더 크고 공통적인 것에만 관심을 가지는 지금, 초라해 보이기만 한 고유한 자기감정을 가지라고 독려하는 것이 도대체 어떤 가치가 있기는 하겠는가? [7]

국수주의적 '뿔 달린 멍청한 짐승새끼들' 이외에도, 기존의 낡아빠진 종교를 버리더라도 그 대신에 자신들이 뒤따라 갈 수 있는 지도자를 필요로 하는 수많은 '양'이 있다.

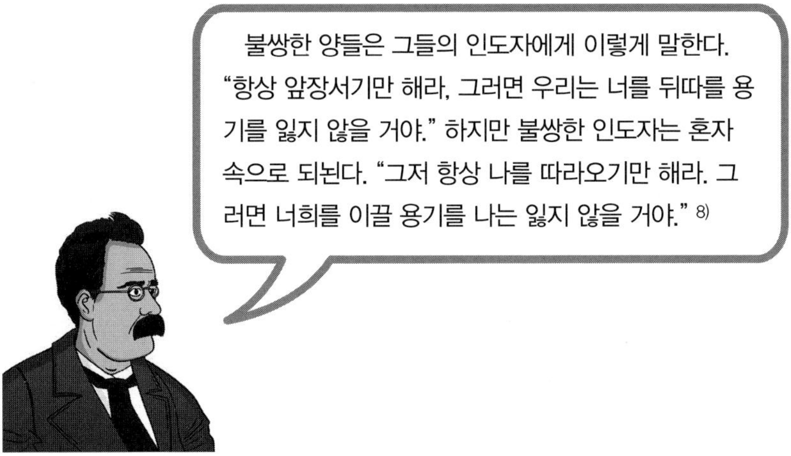
불쌍한 양들은 그들의 인도자에게 이렇게 말한다. "항상 앞장서기만 해라, 그러면 우리는 너를 뒤따를 용기를 잃지 않을 거야." 하지만 불쌍한 인도자는 혼자 속으로 되뇐다. "그저 항상 나를 따라오기만 해라. 그러면 너희를 이끌 용기를 나는 잃지 않을 거야." [8]

이렇게 무리 속에서 지도자를 쫓는 대중을 니체는 (숫자 0에 복수형을 붙여) '눌렌(Nullen, Zeros)', 즉 '아무짝에도 쓸모없는 자들'이라고 부른다.

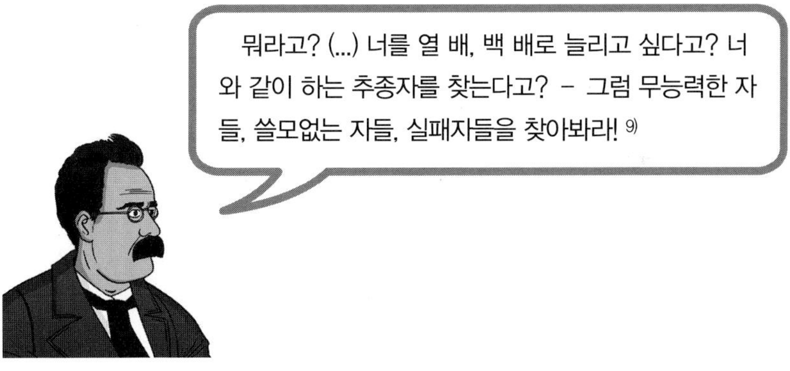
뭐라고? (...) 너를 열 배, 백 배로 늘리고 싶다고? 너와 같이 하는 추종자를 찾는다고? – 그럼 무능력한 자들, 쓸모없는 자들, 실패자들을 찾아봐라! [9]

니체는 반유대주의 역시 나약한 정신을 지닌 소인배가 의미를 부여하려는 시도이며, 자기 존재에 대하여 모조로 된, 다시 말해 거짓된 드높임이라 보고 있다.

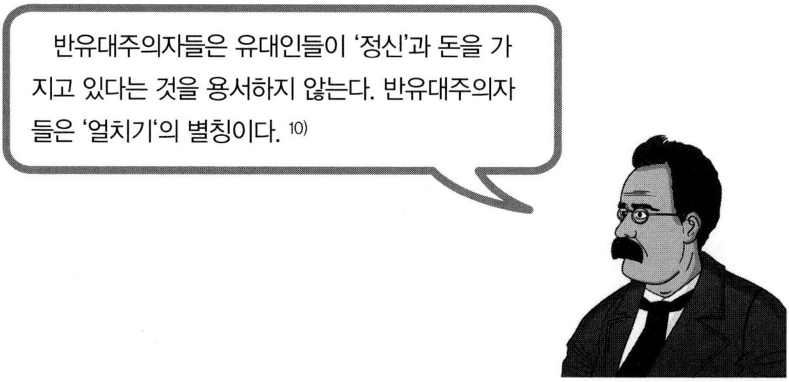
반유대주의자들은 유대인들이 '정신'과 돈을 가지고 있다는 것을 용서하지 않는다. 반유대주의자들은 '얼치기'의 별칭이다.[10]

독일에서는 반유대주의자들보다 더 뻔뻔스럽고 멍청한 무리는 없다.[11]

니체에게 여러 가지 다채로운 특징이 있다는 점은 의심의 여지가 없다. 하지만 그가 나치는 아니었다. 히틀러가 실제로 니체로부터 물려받은 한 가지가 있다면, 그것은 니체 사후 여동생 푈스터-니체가 선물로 바친 그의 산책용 지팡이뿐이었다. 히틀러는 한 번도 니체의 글을 읽은 적이 없다.

니체는 민족(국가)주의와 반유대주의를 비판했듯이, 사회주의도 큰 위험으로 간주했다. 사회주의 역시 '신의 죽음' 이후, 뿌리째 뽑히고 인도받지 못한다고 느끼는 사람들에게 다시금 새로운 '구원의 약속'을 주었기 때문이다. 그러나 '노동자의 낙원' 속에는 약속된 구원 대신에 종국엔 개별적 개성의 억압만이 있을 뿐이었다.

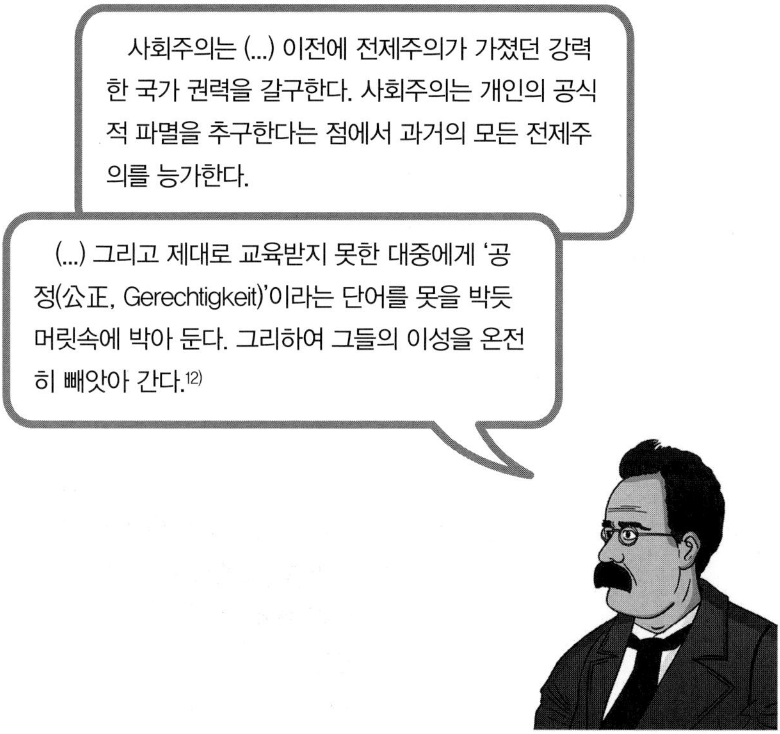
사회주의는 (...) 이전에 전제주의가 가졌던 강력한 국가 권력을 갈구한다. 사회주의는 개인의 공식적 파멸을 추구한다는 점에서 과거의 모든 전제주의를 능가한다.
(...) 그리고 제대로 교육받지 못한 대중에게 '공정(公正, Gerechtigkeit)'이라는 단어를 못을 박듯 머릿속에 박아 둔다. 그리하여 그들의 이성을 온전히 빼앗아 간다.[12]

또한 바로 그만큼 니체는 현대의 상품 소비에 대한 욕구, 그리고 자본주의적 생산방식을 통렬히 비판한다. 이제 모든 가치는 수요와 공급이라는 입맛 아래에 놓이게 되고, 결국 인간 역시 그 아래 놓이게 된다.

장사꾼은 (...) 오직 공급과 수요를 따져 모든 것의 가치를 결정한다.
이것은 문화 전체의 특징이 되었고, (...) 이것이야말로 다음 세기의 너희 인간들이 자랑으로 삼게 될 그것이다.[13]

'돈의 저주', 상품 소비, 그리고 일시적으로 추구하는 향락이 결합하여 서구 유럽 전체가 숭배하는 새로운 우상이 탄생한다.

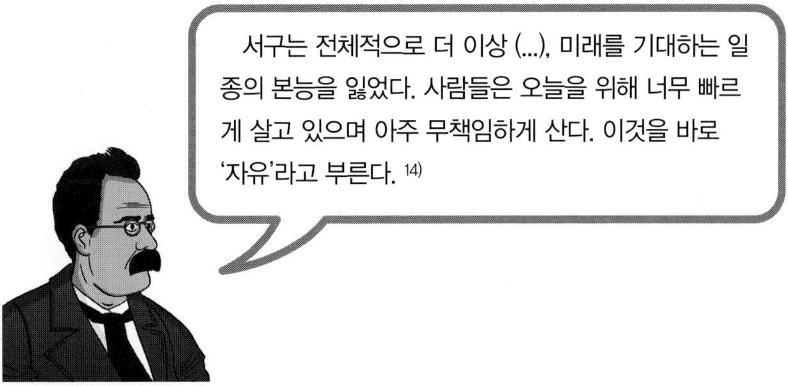
서구는 전체적으로 더 이상 (...), 미래를 기대하는 일종의 본능을 잃었다. 사람들은 오늘을 위해 너무 빠르게 살고 있으며 아주 무책임하게 산다. 이것을 바로 '자유'라고 부른다. [14]

하지만 니체는 '신의 죽음' 이후, 곧바로 다른 새로운 우상을 경배하고, 민족(국가)주의, 반유대주의, 사회주의 혹은 자본주의가 약속하는

구원에서 위로를 갈구하는 것은 비굴하며, 겁쟁이라고 주장한다. 그 대신 '그다음은 어떻게 될 것인가'라는 질문을 철두철미하게 던지자고 제안한다.

> 살인자 중의 살인자인 우리는 이제 어떻게 스스로 위로할 수 있을까? (...) 우리 자신이 신이 되어야 하는 것이 아닐까? [15)]

니체는 이 질문에 분명하게 "그렇다"라고 대답한다. 신의 죽음 이후로, 우리는 이제 어떻게든 자기 자신의 책임만으로 우리 삶을 형성하고 만드는 용기를 모아야 한다. 이것은 옛 신과 우상을 대신하게 된 이데올로기에 의해 우리 선택이 결정되거나 좌우되는 것을 허락하지 않는 것을 의미한다. 다시 말해서, 우리는 살아가면서 우리의 내적 자원만으로 그림을 그려야 한다. 니체가 말하는 '니힐리즘(허무주의)의 도래'는 신의 자리에 우리가 나서야 극복할 수 있는 도전이다. 이것은 신의 자리를 대신하여, 우리를 하나의 새롭고 더 높은 존재로, 다시 말해 위버멘쉬(초인, 超人, Übermensch, Overman)로 우리 자신을 성장시킬 때에만 극복할 수 있다.

모든 신은 죽었다.
이제 우리는 위버멘쉬가 살기를 원한다. 16)

위버멘쉬는 자기 자신에 대하여 완전하게 책임을 지는 존재다. 하지만 자신만의 고유한 의미를 창조하는 위대한 임무를 맡으려면, 인간은 무엇보다도 먼저 그의 능력과 잠재력을 이 새로운 인간형, 위버멘쉬로 도야(陶冶)시킬 필요가 있다. '위버멘쉬'라는 이러한 철학적 개념은 이해되지 못하고, 길들여지지 않아서, 그 당시 교회 지도자들뿐만 아니라, 동시대인의 철학자들에게도 정신 나간, 미친 것으로 여겨졌다. 이전까지 그 누구도 인간의 형태를 이런 극한의 형태로 요구한 적이 없었다.

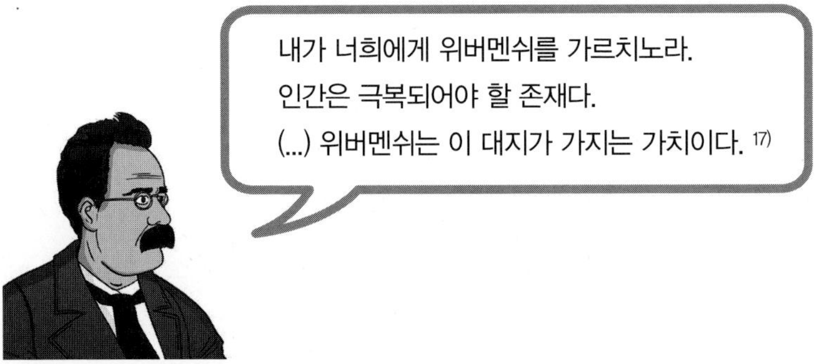
내가 너희에게 위버멘쉬를 가르치노라.
인간은 극복되어야 할 존재다.
(...) 위버멘쉬는 이 대지가 가지는 가치이다. 17)

니체는 이제 위험한 길을 택하라고 권한다. 한편으로 우리는 귀중한 본능과 동물적 혈통을 부인하거나 잃어버려서는 안 된다. 다른 한편으로 앞을 바라보며 우리를 더 높은 유형의 인간으로 계속 발전시켜야 한다.

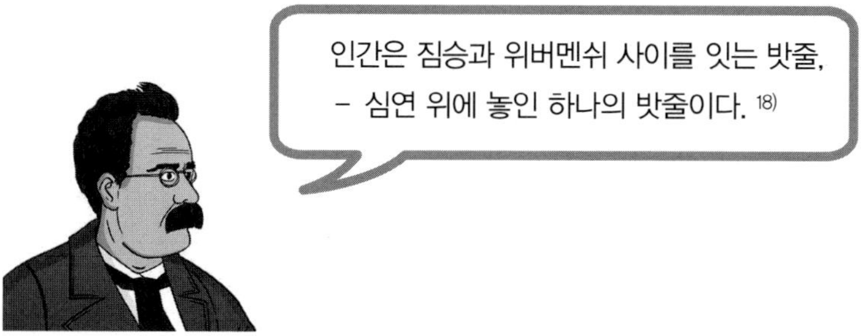
인간은 짐승과 위버멘쉬 사이를 잇는 밧줄,
– 심연 위에 놓인 하나의 밧줄이다. [18]

니체는 자신을 '쇠망치를 든 철학자'로 묘사한다. 새로운 것을 위해 오래된 것을 쳐부수는 자다. 하지만 이데올로기와 우상숭배 너머에 도대체 무엇이 새로운 것일까? 지금까지의 인간 유형을 어떻게 우리는 넘어설 것인가? 니체의 대답은 매혹적으로 간결하고 분명하다.

너 자신이 되어라! [19]

이는 소위 말하는 '자기 자신을 찾아라'는 것이 아니다. 그보다 한 걸음 더 나아간 두 번째 발걸음으로, 자신의 잠재력을 그 어떠한 제한

도 두지 않고 인정하고 개발하라는 것이다. 이는 인간이 사회적인 것과는 전혀 무관한, 그의 디오니소스라는 창조적인 부분을, 즉 자신의 직감을, 그리고 자신만의 고귀한 목표를 정하고, 그로 인해 받는 모든 저항에 맞서 이를 펼치는 것을 말한다. 다시 말해 전통적으로 존재하는 '떼를 이루는 짐승들의 도덕(Herdentiermoral)' 그 너머, 자신의 본성(Natur)과 자신에게 주어진 길(Bestimmung)에 충실할 것을 의미한다. 이것이 '힘을 향한 갈망', 곧 '힘에의 의지(Wille zur Macht)'다. 니체는 이런 '힘에의 의지'를 하나의 원초적인 힘으로 간주한다. 이 힘은 이전부터 세계의 생성과 소멸을 관통하고 있으며, 식물과 동물 속에서조차 작동하고 있다.

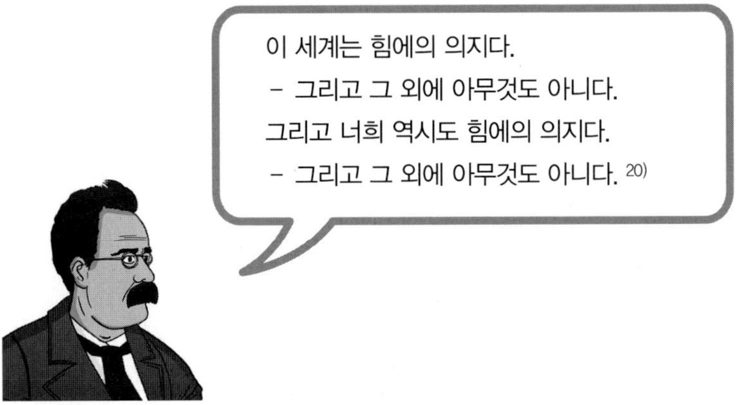

이 세계는 힘에의 의지다.
- 그리고 그 외에 아무것도 아니다.
그리고 너희 역시도 힘에의 의지다.
- 그리고 그 외에 아무것도 아니다.[20]

기독교는 '힘에의 의지'가 발현되는 것을 수천 년 이상 방해하고 억압하여 왔다. 하지만 니체에 따르면, 이제 인간이 자신의 본성을 다시 받아들일 시간이 되었다. 공격적이며, 정복하려는, 악한 격정으로 오

인될 만한 것 역시 인간의 본성에 내재되어 있다. 우리에게 있는 이런 악한 측면을 인정하지 않는다면, 우리도 역시 반쪽자리 인간(halbe Menschen)이 되고 만다. 니체는 우리에게 '긍정적인 삶, 온전한, 부정되거나 양분되지 않은 삶'을 권한다.[21)]

강하면서 본성에 머무는 인간에게는
사랑과 증오, 감사와 복수, 선의와 격노,
긍정과 부정이 분리되어 있는 것이 아니라,
서로서로 귀속되는 것이다. 22)

니체에 의하면, 누구든지 항상 선하기만 할 수는 없다. 인간은 산다는 것만으로도 항상 타인을 조금씩이라도 희생시키며, 삶의 가능성을 개척하기도 하고 강제로 약탈하기도 한다. 하지만 개인이 자신의 가능성을 발현하는 것은 비난받을 일이 아니다. 그러므로 니체는 지금까지의 모든 도덕적 가치가 급진적으로 전환되는 것, 즉 '옳다/좋다' 혹은 '그르다/나쁘다'의 새로운 정의를 요구한다.

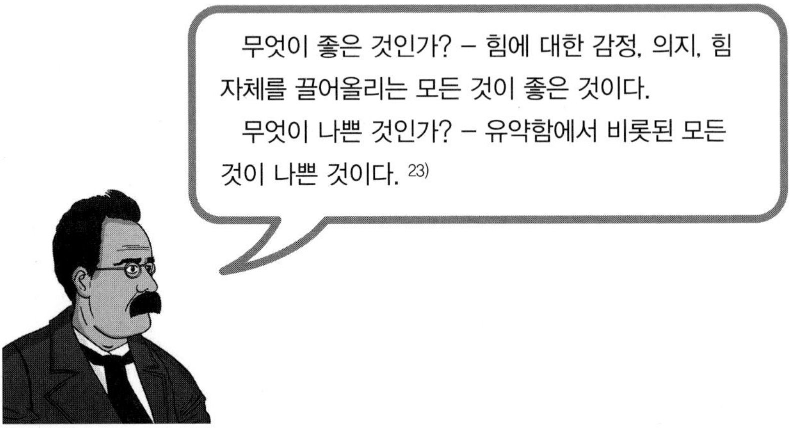
무엇이 좋은 것인가? – 힘에 대한 감정, 의지, 힘 자체를 끌어올리는 모든 것이 좋은 것이다.
무엇이 나쁜 것인가? – 유약함에서 비롯된 모든 것이 나쁜 것이다.[23]

그러나 속박에서 풀려난 '힘에의 의지'는 그 한계가 어디일까? 타인을 억압해도 되는가? 위버멘쉬는 정확히 누구일까? 또는 무엇일까? 우리에게 있어 디오니소스적 삶의 상승이라는 것이 일상 속에서 도대체 가능하긴 한 것인가? 그리고 그 무엇보다도 결론적으로 니체는 옳은 것일까? 그러니까 악한 측면 없이는 우리는 정말 반쪽자리 인간에 불과한 것일까?

니체는 이 모든 질문에 대해 굉장히 인상적인 답을 내놓고 있는데, 그 답이 불러일으킨 영향력은 오늘날까지도 도발적이며 자극적이다.

2. 니체의 핵심 사유

2.1. 디오니소스적인 것과 아폴론적인 것

니체는 26세에 첫 번째 책 『비극의 탄생 또는 그리스 정신과 염세주의』를 출간했다. 그는 이 작품에서 이미 세계를 이해하는 결정적 열쇠를 발견했다. 이 열쇠는 바로 예술이다. 특히 고전적인 그리스 비극은 삶의 진정한 의미를 깨우쳐준다고 주장했다. 니체가 주장하기를, 우리 인간은 그리스 비극의 영웅처럼, 아폴론적인 것과 디오니소스적인 것의 두 위대한 원리 사이에서 펼쳐지는 오랜 투쟁 속에 묶여 있다.

> 자연의 힘이 그러하듯, 예술도 두 가지 상태로 인간 안에서 나타난다. 하나는 환영(Vision, 幻影)으로, 또 하나는 황홀경(Orgiasmus, 悦惚境)으로, 어느 것이 되었든 강압적으로. [24]

환영에 대한 강요는 아폴론이 맡는다. 그는 예언의 신이자 델포이 신탁의 신, 미래 설계와 빛의 신이다. 황홀경은 와인과 도취의 신인 디오니소스가 맡는다. 그리스 세계에서는 옛날부터 아폴론이 미래 설계, 조화(Harmonie), 도시 건설, 학문의 빛을 밝히는 신으로서, 그리고 냉정하게 체계화하는 이성의 신으로서 존경받았다. 니체에 따르면 이 신은 형식을 부여하고 척도를 유지하는 원리를 구현한다. 반면 디오니소스는 술과 도취의 신으로서 혼돈과 창조 원리를 대표한다. 즉 넘실거리는 관능과 본능, 그리고 통제 불능의 정열을 대표한다.

니체가 보기에 개별 인간은 비극의 주인공같이 그들 내면에서 이 두 원리가 끊임없이 충돌하고 있다. 그래서 그리스 비극의 주인공인 영웅은 삶에서 일어나는 많은 사건과 고통스러운 투쟁을 이해하고, 질서 지우며, 마침내 진정시켜 보려고 하지만, 그의 디오니소스적인 면은 항상 질서 전체를 다시 요동치게 한다. 이때 주인공은 자기 자신과 자신의 운명에 괴로워한다. 이는 고대 그리스인들에게는 영웅이 꽉 붙잡고 버틸 수 있는, 그리고 그가 얽혀 들어간 운명의 장난을 어떻게든 논리적으로 설명해줄 수 있는 더 높은 차원의 이유란 존재하지 않기 때문이라고 니체는 말한다. 그러므로 오르막과 내리막을 반복하는 삶에서 빠져나올 그 어떤 구원이나 탈출구 또한 없다. 비극의 주인공은 자신의 운명 속으로 내던져졌으며, 이로써 고통과 기쁨, 통제와 무질서는 필수 불가결하게 하나가 된다.

끊임없이 고군분투하면서도 항상 또다시 파멸하고 마는 영웅상은 고대 그리스 비극의 극적 핵심이다. 그런데 고대 희곡에서 나타나는 이런 비극적 투쟁이 오늘날 관객들에게도 여전히 효과를 발휘하는 이유는 무엇일까? 니체의 대답은 간단명료하다.

보아라! 정확히 보아라! 이것이 너희 삶이다. 너희 현존재의 시계에 놓인 시침이다.[25]

고대 그리스 비극은 우리 본연의 현존재(Dasein)를 거울처럼 비춰준다. 우리는 모두 매일매일 무언가를 위해 애쓰지만, 명백하게 잘못한 게 없더라도 항상 다시 고통으로 가득하여 애통해하는 사건들과 질병, 좌절, 상실과 마주하게 된다. 고대 그리스인들은 우리에게 삶의 긍정적인 면과 부정적인 면을 모두 함께 받아들이라고 가르친다. 그리고 삶을 하나의 종합예술로 바라보고, 사랑하라고 가르친다. 이러한 비극적 아름다움, 즉 고통마저도 포괄하며 삶에 기쁘게 참여하는 것을 우리는 비극에서뿐만 아니라 음악에서도 느낄 수 있다.

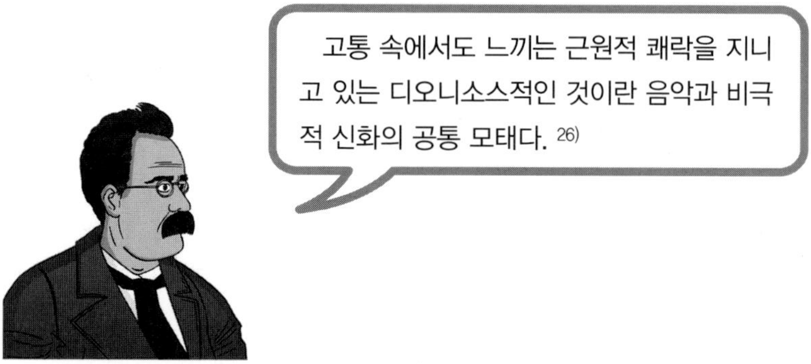
고통 속에서도 느끼는 근원적 쾌락을 지니고 있는 디오니소스적인 것이란 음악과 비극적 신화의 공통 모태다. [26]

니체에 따르면, 고대 그리스 비극에서 디오니소스적 요소는 노래로 여러 감정을 표현하는 무대 밖(의식의 영역 밖) 합창단에 의해서 구현된다. 반면, 아폴론적 질서는 대부분 무대 위(의식의 영역) 행위에 상응한다. 하지만 극작가 에우리피데스와 그를 뒤따른 이성 중심의 연극론이 합창단을 제거하면서 이러한 균형 상태는 사라지게 되었다. 점차 삶의 비극성에 대한 감정과 디오니소스적 차원이 배제되었다. 그리고 소크라테스, 플라톤과 함께 마침내 하나의 새로운 인간 유형, 바로 실제 없이 이론만 앞세우는 '이론적 인간형'이 그리스 문화의 무대 전면에 등장한다.

그때부터 이성의 사용은 한낮의 빛이자 '선한 것, 진실한 것, 아름다운 것', 즉 진, 선, 미를 향해 위로 이끌어주는 유일한 길로 여겨진다. 반면 육체가 지닌 디오니소스적 갈망은 어두운 것이며 아래로 인도하는 길이라고 간주된다.

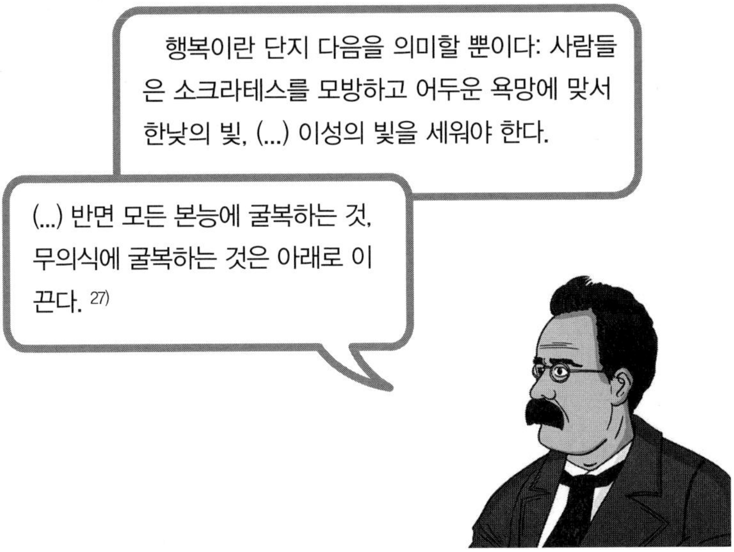
행복이란 단지 다음을 의미할 뿐이다: 사람들은 소크라테스를 모방하고 어두운 욕망에 맞서 한낮의 빛, (...) 이성의 빛을 세워야 한다.
(...) 반면 모든 본능에 굴복하는 것, 무의식에 굴복하는 것은 아래로 이끈다. [27]

사고와 이성에 맡겨진 모든 것은 도덕적으로 선한 것으로 여겨진다. 그리고 충동, 감정 또는 직감으로 행해진 모든 것은 비난받아야 할 것으로 여겨진다. 니체는 이것이야말로 수 세기 동안 지속된 육체에 대한 혐오의 시작이라고 주장한다.

플라톤 이후 그리스 철학자들의 도덕주의는 병리적이다. [28]

이에 더해 기독교 또한 모든 디오니소스적인 동요와 충동을 정숙하지 못한 것으로 여기고 죄와 잘못으로 낙인찍었다. 처음에 니체는 개인적으로 친분이 있던 바그너의 신비주의 음악에서 디오니소스적으로 비극적인 인간에 대한 회고를 절박하게 요구하고 있음을 알아보고 이 음악이 이성주의에 대항해 해방의 일격을 가하고 있음을 깨닫는다. 그래서 니체는 바그너와 그의 음악에 경의를 표하기 위해 잠깐이지만 첫 저작의 제목을 『음악의 정신에서 나온 비극의 탄생』으로 바꾸기도 한다. 그러나 몇 년 뒤 그는 바그너가 기독교 색채를 지닌 비의(秘儀) 오페라 〈파르지팔〉에서 '십자가 앞에 무릎을 꿇고' 주인공 파르지팔에게 다시금 죄책감과 양심의 가책을 던져주자, 바그너와 갈라선다. 그것으로 바그너는 명백히 비극의 정신을 배반했다는 것이다. 니체는 『바그너의 경우』라는 제목의 풍자적인 비판서를 쓸 정도로 분노한다.

니체 자신은 우리가 경험하는 불행이 결코 신의 벌이나 개인적인 잘못을 의미하는 것이 아니라, 단지 삶의 일부이며, 인간이 받아들여야만 하는 비극일 뿐이라는 주장을 고수한다.

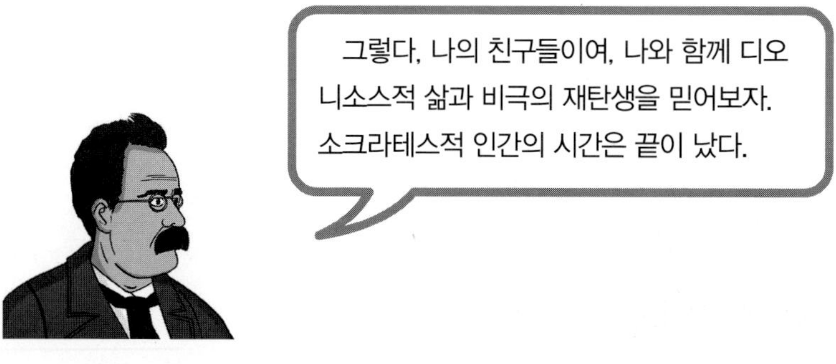
그렇다, 나의 친구들이여, 나와 함께 디오니소스적 삶과 비극의 재탄생을 믿어보자. 소크라테스적 인간의 시간은 끝이 났다.

담쟁이덩굴로 화환을 만들어 머리에 얹고, 주신(酒神) 바쿠스의 지팡이를 손에 쥐어라. 호랑이와 표범이 아첨하며 너희 무릎에 누워도 놀라지 마라. 이제 과감히 비극적 인간이 되어 보자. 29)

2.2. 노예 도덕의 발생

– 어떻게 유대교와 기독교는 삶을 배반하였는가?

플라톤과 소크라테스는 이성만을 지나치게 드높이고, 디오니소스적 본성을 억압함으로써 그 이전까지의 시대 흐름을 송두리째 바꾸는 끔찍한 탈선(脫線)의 서막을 열었다. 니체는 그의 책 『도덕의 계보』에서 종교, 특히 유대교와 기독교의 도덕이 어떻게 자연적인 삶의 방식으로부터 끊임없이 인간을 소외하였는지 묘사한다. 니체는 종교야말로 인간의 본연과 본능을 매장한 장본인이라고 본다. 플라톤 철학에서 이미 인간의 디오니소스적인 면이 억압되고는 있다지만, 그래도 아직 벌을 주는 신이나 원죄, 또는 성자(聖者) 같은 것은 없었다. 그런데 이제 유대교와 기독교는 고대 그리스 비극의 영웅으로부터 삶의 의욕이 꺾이고 죄를 지은, 복종적인 인간들을 만들어냈다. 고대 그리스에서는 승리를 구가하는 전쟁 영웅 아킬레우스(Achilles)가 '신들의 총아'로 칭송받았다면, 기독교에서는 그저 폭력과는 거리가 멀고, 참을성 많은 인간만이 모범으로 여겨질 뿐이었다. 니체는 여기서 고대 귀족적 가치들에 대한 배반을 목격한다.

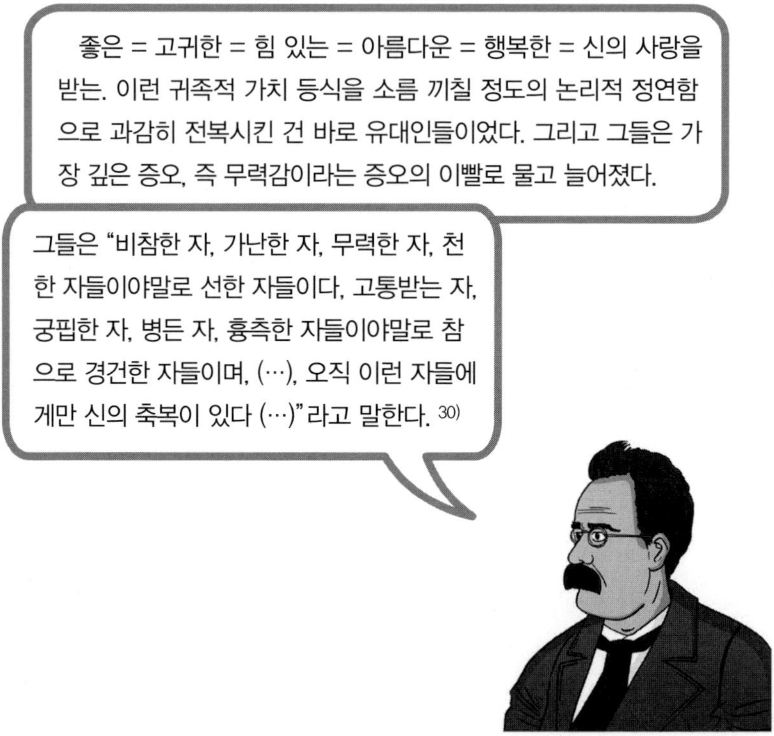
좋은 = 고귀한 = 힘 있는 = 아름다운 = 행복한 = 신의 사랑을 받는. 이런 귀족적 가치 등식을 소름 끼칠 정도의 논리적 정연함으로 과감히 전복시킨 건 바로 유대인들이었다. 그리고 그들은 가장 깊은 증오, 즉 무력감이라는 증오의 이빨로 물고 늘어졌다.
그들은 "비참한 자, 가난한 자, 무력한 자, 천한 자들이야말로 선한 자들이다, 고통받는 자, 궁핍한 자, 병든 자, 흉측한 자들이야말로 참으로 경건한 자들이며, (…), 오직 이런 자들에게만 신의 축복이 있다 (…)"라고 말한다.[30]

니체에 따르면, 유대교에서 유래한 기독교는 한발 더 나아가 신이 기뻐하는 삶, 포기와 겸손과 복종의 삶을 요구함으로써 인간이 본연의 힘을 발휘하는 것을 더욱 막아버렸다. 니체는 이러한 태도를 '노예 도덕(Sklavenmoral)'이라고 부른다. 그리고 그 반대편에 투쟁과 결단, 그리고 자기 자신과 다른 민족에게도 엄격함을 통하여 세계 제국을 건설했던 고대 그리스인들과 로마인들의 귀족적인 '주인 도덕(Herrenmoral)'을 대립시킨다.

로마인들은 정말 강하고 고귀하였다. 이 지상의 그 누구보다도, 결코 꿈도 꾸지 못할 정도로, 더 강하고 더 고귀한 자들이었다. 31)

그렇기에 로마인들은 초기 기독교인들이 새롭게 내세운 동정심(Mitleid)이라는 도덕을 보며 이를 그들의 귀족적 태도와는 반대되는 완전히 반 자연적인 것으로 느꼈다. 하지만 로마 제국 후기, 타락한 폭군 네로(Nero)와 카라칼라(Caracalla)가 더 이상 백성들에게 모범이 되지 못하자, 사람들은 힘을 가진 자들은 부패했으며 힘 그 자체는 비

난받아야 한다는 감정을 가지게 되었다. 그래서 폭력, 힘, 권력을 포기하고 사랑을 베푸는 신이라는 정반대의 이미지가 불현듯 엄청난 매력으로 다가왔다.

> (...) 네로와 카라칼라가 윗자리에 앉았을 때, 그 모순이 발생했다: 가장 비천한 인간이 저 높은 곳에 있는 자보다 더 가치 있다는! (...) 그리고 가장 힘 있는 자의 이미지와는 정반대로 신의 이미지가 인정받고 관철되었다. 바로 십자가 위에 달린 신! [32)]

십자가에 달린 자는 이전의 투쟁적인 영웅들과 신들을 대신해 구원자로 등장한다. 니체에 따르면, 기독교가 콘스탄티누스(Konstantin) 치하에서 결국 로마제국 전체의 국교로 추앙된 이후 동정심과 죄, 내세에 대한 기대로 점철된 구제 불능의 도덕이 전 유럽과 지구의 많은 지역으로 퍼지게 되었다. 종합하면, 니체는 본질적으로 다섯 가지 이유에서 기독교의 도덕을 비판한다. 첫째, 그는 교회를 탄핵한다. 교회가 용기, 용맹, 정복, 명예, 강함을 추구하던 도덕 본연의 자리에 나약함을 추구하는 도덕을 갖다 두었기 때문이다.

나는 기독교에 유죄 판결을 내린다. 나는 기독교 교회를 상대로 입에 담을 수 있는 비판 중 가장 혹독한 비판을 가한다. (…) 교회는 모든 가치 있는 것에서 하나의 무가치한 것을, 모든 진실에서 하나의 거짓을 (…) 만들어냈다. [33]

둘째, 그는 기독교가 동정심을 키우고 권장한다고 비난한다. 하지만 만약 개인이 동정심의 계명에 따라 누군가를 도울 때, 마음의 결연함도 없이, 단지 해야 된다는 중압감에 의해 행동한다면, 게다가 이 결정이 내 시련의 원인이라서 이것과도 싸워야 한다면, 이는 도리어 고통을 더 키우고, 연장하게 하는 것에 불과하다.

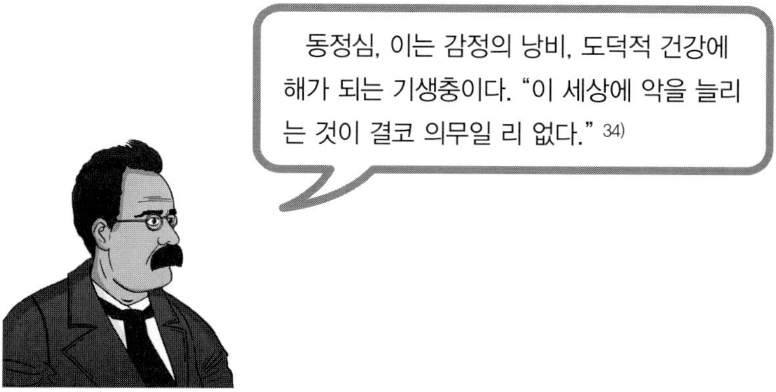
동정심, 이는 감정의 낭비, 도덕적 건강에 해가 되는 기생충이다. "이 세상에 악을 늘리는 것이 결코 의무일 리 없다." [34]

니체에 의하면, 동정심은 사실상 자신의 양심을 달래는 데에만 쓰일 뿐이다.

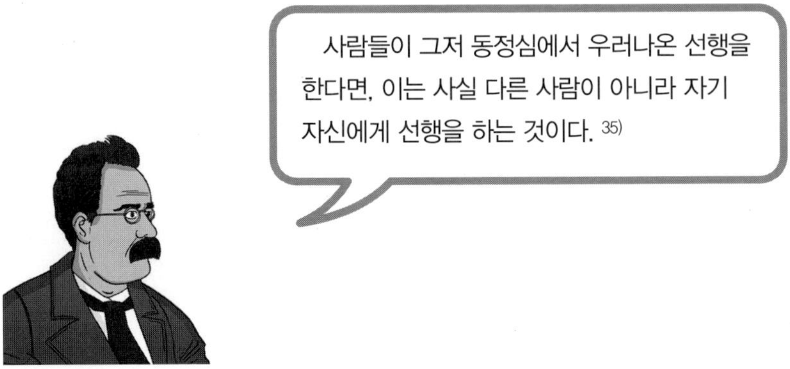
사람들이 그저 동정심에서 우러나온 선행을 한다면, 이는 사실 다른 사람이 아니라 자기 자신에게 선행을 하는 것이다.[35]

하지만 동정심은 이미 기독교 도덕을 통해 우리 마음속에 깊이 뿌리내리고 있지 않은가. 그러므로 니체는 동정심이란 자신이 자기 행동의 주인이 되지 못하게 하는 '내적인 유약함'에 불과하다는 것을 간파해야 하며, 어떠한 경우에도 이에 굴복하지 말아야 한다고 주장한다. 그러나 우리가 이 사실을 알아차리는 순간에는 부득이하게 갈등이 발생한다. 니체는 구걸하는 거지의 예를 들어 이것을 설명한다.

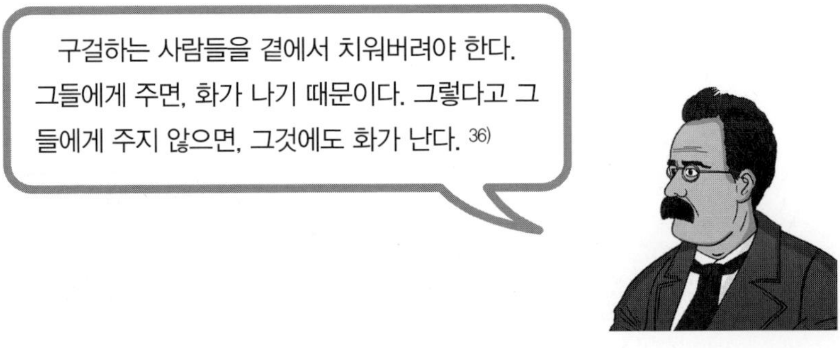
구걸하는 사람들을 곁에서 치워버려야 한다. 그들에게 주면, 화가 나기 때문이다. 그렇다고 그들에게 주지 않으면, 그것에도 화가 난다.[36]

셋째, 니체는 기독교 교회를 비판한다. 이들은 죄(Schuld), 죄악, 속죄라는 개념과 겸손과 복종을 요구하여 모든 인간을 천편일률적으로 단순화시키고, 타성적이고 타율적인 자로 만들어 인간의 기본 품성을 변질시켜 놓기 때문이다. 그렇기에 신자들은 어떠한 죄에도 자신이 책임지지 않기 위하여, 소위 '선'한 모습으로 있고자 끊임없이 애쓰고, 신의 눈에 모든 것이 흡족한 상태인 것처럼 만들어 내고, 그 결과 새로운 인간 족속인 이른바 비굴한 자, 혹은 '비굴한 위선자(Mucker, 예스-맨)'가 나타난다.

아마도 이런 선한 자로 있으려는 의지보다 더 위험한 이념, 심리학 상의 더 큰 난센스는 이제껏 없었을 것이다.
인간은 가장 거슬리는 유형, 자유롭지 못한 인간을 길러냈다. 바로 비굴한 위선자다. 그런데 사람들은 오직 이 비굴한 위선자가 되어야만 신성에 이르는 올바른 길이라고 가르쳐왔다. 37)

이 비굴함은 더 안전한 것과 더 부유한 것에만 마음을 두는 현대 민주주의 이념에서 구체화되어 드러난다.

기독교–민주주의적 사고방식은 짐승처럼 무리 짓는 것을 선호한다. 이는 위대한 모험을 증오한다. 가장 정확히 평균치에 있는 자들이 그들의 가치 기준을 모든 곳에 관철시킨다. [38]

니체의 교회에 대한 네 번째 비난은, 교회는 천국에서 삶이 계속된다고 약속하며 현세의 모든 노력을 내세로 돌려놓는다는 것이다. 이는 예수가 삶을 구원한다는 데서 상징적으로 나타난다. 그런 죽은 이후에나 가능한 '삶으로부터의 구원'과는 달리, 니체는 우리가 현세계에서 실재 삶에 충실할 것을 강권한다. 그리고 또 이것의 상징적인 인물인 디오니소스를 인정할 것을 바란다.

> 디오니소스 대 십자가에 달린 자. 여기서 극명한 대조를 확인한다. (...) '십자가에 달린 신'은 삶에 대한 저주이며, 이것은 그 신에게서 스스로를 구원하라는 표식이다. (...) 디오니소스는 삶으로의 약속이다. [39]

다섯째는 아마 니체의 가장 강력한 비판 중 하나인데, 기독교는 육체 혐오로 인간에게 치명적인 결과를 초래하는 숙명적 과정으로 작동한다.

> '만일 네 눈이 너를 범죄 하게 하거든, 빼어 내버리라'(마태복음 18:9). (…) 저 충고를 따라 자신의 육체적 욕망을 살해해 버렸다고 믿는 기독교인은 자신을 속이는 것이다. 그것은 섬뜩하고 흡혈귀 같은 방식으로 살아가며, 역겨운 가면을 한 채 그를 괴롭힌다. [40]

이 지점에서 니체는 감정, 충동, 격정 같은 것들이 도덕적인 이유로 억압될 때, 그것이 단순히 사라지는 것이 아니라 '흡혈귀 같은 방식'으로 존속한다는 의혹을 제기한다. 이로써 그는 서양사 최초로 심리학과 정신분석 전체의 토대가 될 사유를 표명한 셈이다. '살아지지 않은 삶', 그 삶은 '살지 않았다고'해서 단순히 사라지는 것이 아니다. 그것은 위험한 방식으로 우리에게 찾아올 수 있다. 니체는 자신의 유명한 논문 〈양심의 가책의 기원〉 (도덕의 계보, 제2 논문)에서 인간 영혼의 '에너지 균형'에 대한 자신만의 새로운 인류학적 관점을 설명한다.

2.3. 양심의 가책은 어디에서 기원하는가?

니체에게 있어 양심이란 당연히 신으로부터 기원한 것이 아니다. 오히려 우리 인간이 동물적 본질로부터 단순히 진화하여 발생한 것이다. 본래 인간은 단지 동물적인 본능만을 가진 존재였다.

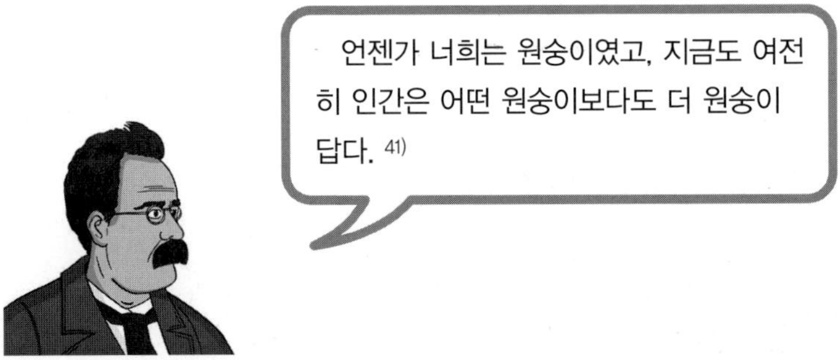
언젠가 너희는 원숭이였고, 지금도 여전히 인간은 어떤 원숭이보다도 더 원숭이답다. 41)

하지만 어떻게 해서 양심이, 다시 말하면 우리의 고유한 본능과 우리의 건강한 디오니소스적 본성을 거스를 수 있는 저 신체 내 '기관'이 생겨날 수 있었던 걸까? 어떻게 그런 일이 가능할까? 니체는 양심이 '심각한 질병'이라고 확신한다.

나는 불편한 양심을 인간이 경험했던 모든 변화 중에서도 가장 근본적인 변화의 압력으로인해 빠져들 수밖에 없었던 심각한 질병으로 간주한다.
– 그 변화란, 자신이 결국 사회라는 틀과 화합(和合)이라는 틀에 갇혀 버렸다는 것을 알아차렸을 때 나타났다. 42)

그러니까 양심이란, 인간이 사회라는 틀 안으로 들어와 국가를 설립했을 때 생겨났다. 인간이 더 이상 야생에서 무리 지어 다른 인간들을 습격할 수 없게 되고, 역으로 습격당하는 것도 조심할 필요가 없어지자 그 본능은 단번에 불필요한 것이 되어버렸다. 수 세기 동안 인간은 사냥꾼, 침략자, 정복자로서, 또는 반대로 사냥감, 도망자, 쫓기는 자로서 오직 쾌락, 분노, 두려움, 불안, 공격, 영역 방어와 같은 각성

된 욕망을 통해 살아남았다. 그러나 국가가 설립된 이후 인간은 더 이상 이 모든 원시 시대의 격정들을 마음껏 펼칠 수 없었다. 니체는 양심의 가책이 일어난 기원을 수생 동물들이 육지로 올라와 새롭게 네 다리를 만들어내야 했던, 석기시대와 같이 머나먼 과거에 있었던 과도기와 비교한다.

수생 동물들이 육지 동물이 되거나 멸종할 수밖에 없는 상황에 처했을 때 그들에게 일어났던 것과 동일한 일이 야생, 전쟁, 방랑, 모험에 운 좋게 잘 적응했던, 반은 짐승과 다름없는 자들에게도 일어났다.
다시 말해, 한 순간 그들의 모든 본능은 무가치해지고, '적출(摘出)되어' 버렸다. [43]

야생의 인간이 사회 속으로 들어가 갑자기 그들의 본능을 포기할 수밖에 없었던 이러한 과도기를 니체는 인류사의 결정적 시점으로 묘사한다.

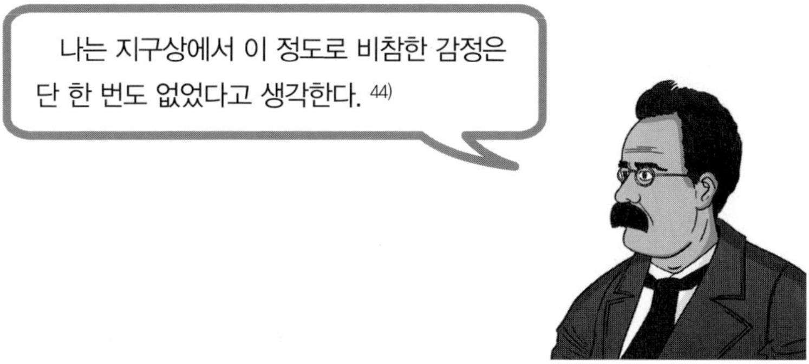
나는 지구상에서 이 정도로 비참한 감정은 단 한 번도 없었다고 생각한다.[44]

인간은 지금껏 경험하지 못했던 세계를 맞이하였다. 이젠 서로 간에 전쟁을 벌여선 안 되었고, 그룹 간에도 전쟁을 벌여서는 안 되었다. 인간은 단번에 그들의 옛 지도자, 즉 '모든 것을 스스로 조율하며, 부지불식간에도 안전한 상태로 이끌어주는 충동'을 잃어버렸다. 그래서 그들은 어쩔 수 없이 새로운 뱃속 장기(臟器)를 만들어냈다.

이 불행한 자들은 사유, 추리, 계산, 인과 관계로 결합하여 축소되어버렸고, '의식'이라는 그들이 가진 것 중 가장 가련하고 오류를 범하기 쉬운 뱃속 장기로 축소되었다![45]

이 ‘가장 가련한 내장 장기’는 우리의 지성, 우리의 ‘생각하는 나’, 또는 철학자들의 말로 하자면, 우리의 이성을 의미한다. 호모사피엔스가 탄생했다. 이제 인간은 국가 내에서나 초기 공동체 내에서 더 이상 다른 이들에게서 무엇도 약탈하거나 빼앗으면 안 되었다. 비록 그 일에 큰 쾌락을 느꼈다 하더라도 말이다. 그뿐만 아니라 수 세기 동안 우리의 생존을 보장해왔던 공격성은 더 이상 공동체 구성원 사이에서 발휘될 수 없었고 오직 규칙이 있는 스포츠 행사에서만 허락되었다. 생존을 위한 본능은 터부시되었고 규율과 이성으로 대체되었다.

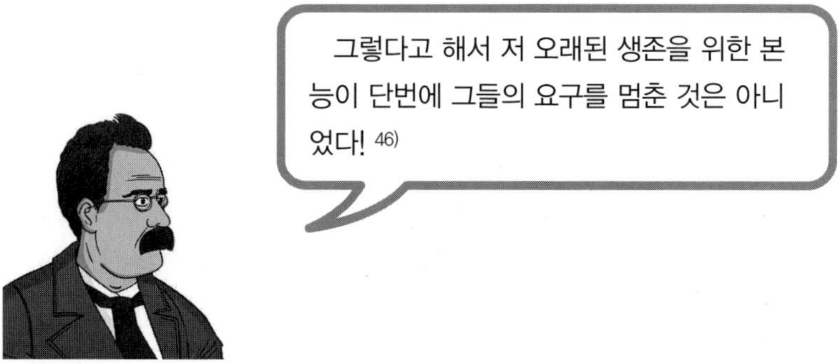
그렇다고 해서 저 오래된 생존을 위한 본능이 단번에 그들의 요구를 멈춘 것은 아니었다! 46)

말하자면 본능은 모든 규정에도 불구하고 여전히 존재했으며, 앞으로도 계속 발휘되기를 요구했다. 그런데 호기심, 경계심, 탐욕, 공격성 등은 도대체 어디로 간 것일까?

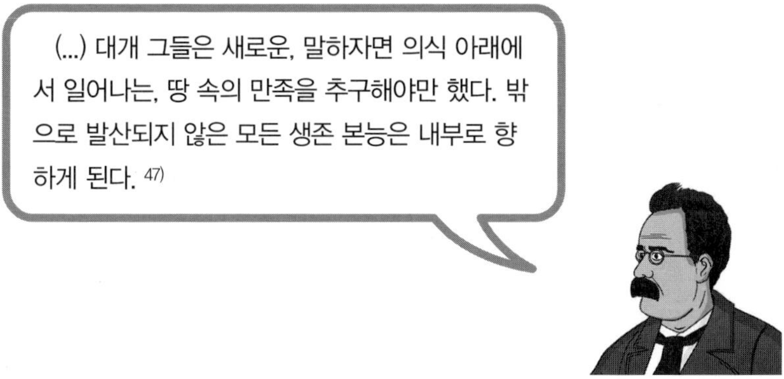
(...) 대개 그들은 새로운, 말하자면 의식 아래에서 일어나는, 땅 속의 만족을 추구해야만 했다. 밖으로 발산되지 않은 모든 생존 본능은 내부로 향하게 된다.[47]

니체에 따르면, 점차 인간 안에서 새로운 내적인 체험이 자라나게 된다.

두 살갗 사이에 끼어져 있는 어떤 것처럼 얇은 내면 세계 전체는 인간이 가진 본능을 밖으로 발산하는 것이 저지되자,
더 분화되고 팽창하여, 깊이와 넓이, 높이를 얻게 되었다.[48]

원래 내면 세계는 마치 두 살갗 사이에 끼여져 있는 어떤 것처럼 얇았다. 이는 인류의 시조가 오직 적은 양의 내적 경험 세계를 가지고

있었다는 것을 의미한다. 그들이 가진 경험 세계란 아마 누군가가 죽었을 때의 경악이나 무언가에 물렸을 때 피가 나는 부상에 대한 걱정 같은 것이다. 그러나 문명과 함께 두 피부 사이에 끼워진 것만큼이나 얇던 내적인 삶은 갑자기 깊이와 넓이, 그리고 높이를 얻게 된다. 사람들은 갑자기 아무리 작은 행위라도 그것이 허락된 것인지 금지된 것인지, 정당한 것인지 부당한 것인지를 물었다. 그리하여 자의식이 생겨남과 거의 동시에, 소위 '양심의 가책'이라고 하는 부가적인 두 번째 내적 기관이 발생한다.

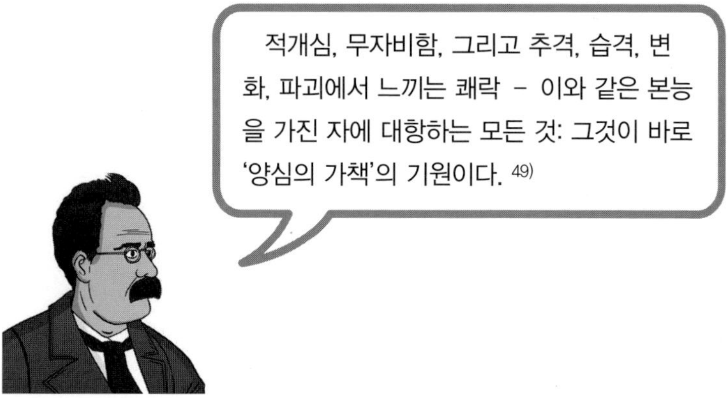
적개심, 무자비함, 그리고 추격, 습격, 변화, 파괴에서 느끼는 쾌락 – 이와 같은 본능을 가진 자에 대항하는 모든 것: 그것이 바로 '양심의 가책'의 기원이다. 49)

양심이 불편하다고 느낄 때, 이 양심이란 실로, 우리가 이 세계에서 경험하기 이전에 그 자체로 타당성을 지닌, 어떤 형이상학적인 것도 아니며, 신이 부여한 절대적인 것도 아니다. 그것은 우리가 더 이상 외부 세계에 표출하지 않는 우리 자신의 고유한 충동 에너지로부터 자양분을 먹고 자란 것으로, 이제는 우리에게 스스로 자갈을 물리고, 우

리 자신의 욕구, 갈망, 충동을 철저히 통제하고, 그것들을 사회의 규범에 화합하게 만든다. 그런데 우리는 자발적으로 그렇게 하는 것이 아니라, 그렇게 하지 않으면 사회로부터 처벌을 받기 때문에 그렇게 한다.

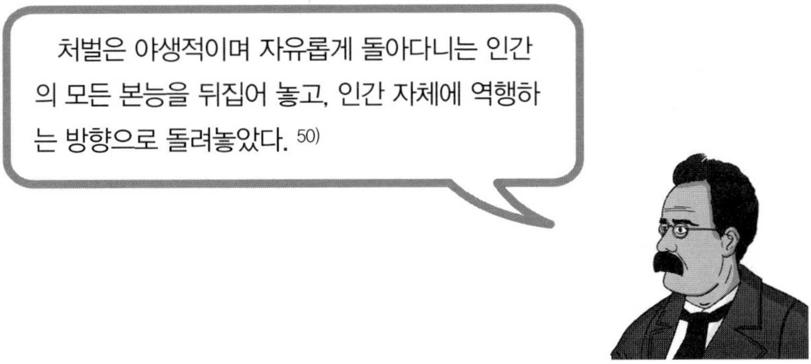
처벌은 야생적이며 자유롭게 돌아다니는 인간의 모든 본능을 뒤집어 놓고, 인간 자체에 역행하는 방향으로 돌려놓았다. [50]

그러니까 양심은 국가의 설립으로 강요된 것이다. 우리가 규칙과 법을 준수하도록 양심의 가책이라는 의무감을 부여한 것은 근본적으로 우리 머릿속에서 좌지우지하는 국가의 통치자와도 같다. 경찰, 재판정, 교도소를 갖춘 외부의 형벌 체계 이외에도 이제 두 번째 법원, 더 내면적인 법원이 존재한다. 그 내면적인 법원은 우리가 전혀 처벌을 받지 않아도 될 정도로 충분히 잘 작동한다. 이로써 양심은 매우 주요한 사회적 기능을 수행한다. 하지만 니체는 사람들이 어떤 경우에도 양심을 세움으로써 얼마나 큰 희생을 불러왔는지 속여 넘겨서는 안 된다고 말한다.

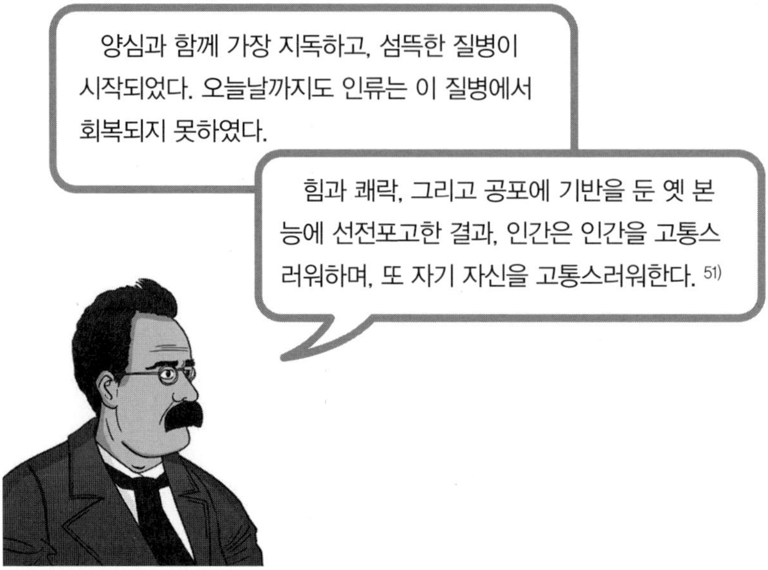
양심과 함께 가장 지독하고, 섬뜩한 질병이 시작되었다. 오늘날까지도 인류는 이 질병에서 회복되지 못하였다.
힘과 쾌락, 그리고 공포에 기반을 둔 옛 본능에 선전포고한 결과, 인간은 인간을 고통스러워하며, 또 자기 자신을 고통스러워한다. [51]

니체에 따르면, 모든 인간은 오늘날 그들의 본능을 관리하고 억누르고 있는 두 개의 저주받은 법원을 가지고 있다. 하나는 양심이며, 다른 하나는 이성이다. 니체는 두 가지에 모두 큰 의구심을 가졌다. 양심은 진정한 도덕 법원이 아니다. 그것은 지금껏 어떤 가치도 만들어 낸 적이 없다. 단지 오랫동안 부모와 교회, 학교, 그리고 사회에 속했던 것을 축적해왔을 뿐이다.

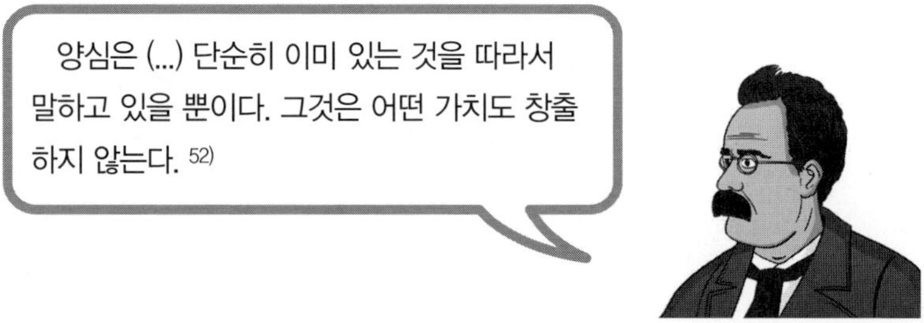
양심은 (...) 단순히 이미 있는 것을 따라서 말하고 있을 뿐이다. 그것은 어떤 가치도 창출하지 않는다. [52]

우리의 양심 속에 내용물로 저장되어 있는 모든 것은 자신의 밖으로부터 온 것이다.

우리 양심의 내용은 유년 시절에 정말 열렬히 좋아했거나, 두려워했던 사람들을 통해 어떤 근거나 이유도 없이 규칙적으로 계속해서 요구되었던 모든 것이다.
이 양심으로부터 '–해야만 한다.'라는 감정이 유발되었으며, 이 감정은 "왜 나는 해야만 하지?"라고 묻지 않는다. 53)

우리의 두 번째 내면의 법원인 이성은 '왜'라는 질문을 하긴 하지만, 그렇다고 대부분의 철학자가 믿는 것처럼 올바르고 자율적인 기관은 아니다. 이성은 결국 거짓말하고, 속이고, 자기 자신을 기만하는데 쓰일 뿐이다.

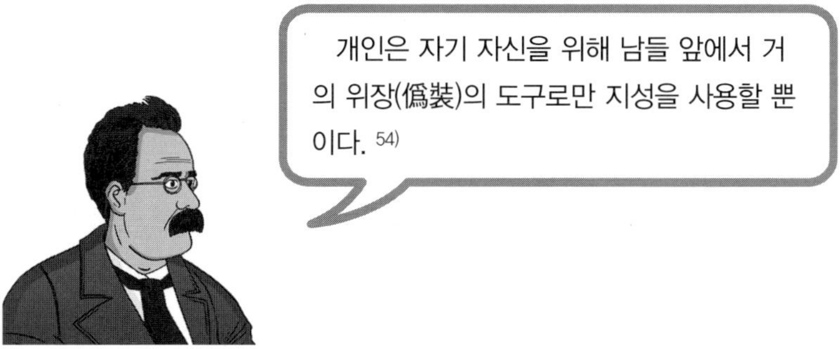
개인은 자기 자신을 위해 남들 앞에서 거의 위장(僞裝)의 도구로만 지성을 사용할 뿐이다. 54)

니체에 따르면, 안타깝게도 우리는 행동할 때 본능을 믿기보다 이성이 세운 사전 원칙에 너무 많이 의존한다. 이성은 명목상 진리를 논리적으로 인식할 수 있기 때문에 착오나 실수로부터 우리를 보호해준다. 그러나 니체는 이것이 커다란 오류라고 말한다. 지성은 어떤 것도 정확하게 인식할 수 없으며, 그러니 진리일 수도 없다. 지성은 오직 단어와 문장으로만 사고할 뿐이다. 그러나 니체가 추정하건대, 이미 단어는 엄밀하고 정확한 것이 아니며, 그 결과 철학자들의 명제나 진리 역시 부정확한 것이다.

2.4. 판자때기로서의 진실과 언어라는 환상

전 세계의 어떤 언어이든 모두 단어로 구성되어 있다. 그리고 우리는 그 단어를 가지고 실재하는 사물을 이런저런 식으로 명명하고 표기한다. 니체는 여기서 엄청난 반향을 일으킨 질문을 던진다.

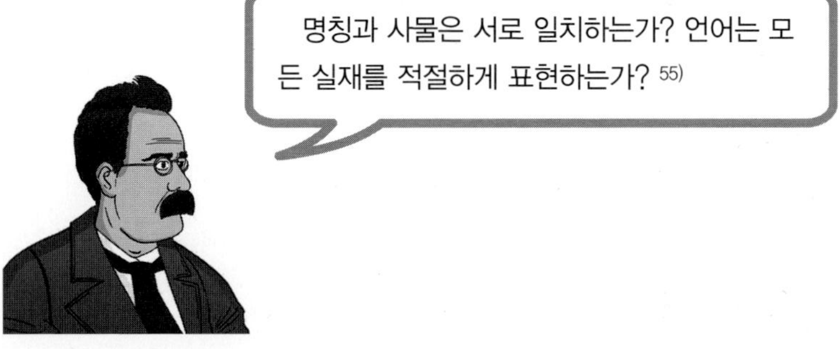
명칭과 사물은 서로 일치하는가? 언어는 모든 실재를 적절하게 표현하는가? 55)

니체는 아니라고 답한다. 언어는 현실을 모사(模寫)하는데 알맞지 않다. 진리, 그리고 사실이라고 여기는 모든 것은 단지 환상일 뿐이다. 이러한 환상은 우리가 석기시대부터 보고, 듣고, 냄새 맡은 모든 것에 각각 특정한 이름을 부여함으로써 만들어진 것이다. 무언가를 단순히 이것 또는 저것이라고 칭하고는 이제부터 그게 바로 이 대상의 진리라고 주장한다. 예를 들어 '초원은 푸르다.' '세계는 둥글다.' '해가 떠오른다.' '늑대는 문다.'라고 말하고는 이 말들이 진실하다고 주장한다. '초록', '둥근', '떠오른다', '문다' 같은 기호들과 '초원', '지구', '해', '늑대' 같은 기호들은 그때그때 개별적으로, 그리고 조합되면서 실제를 모사하기 때문이다. 그러나 니체에 따르면, 이름을 부여함과 동시에 하나의 치명적인 과정이 시작된다.

이제 지금부터 '진리'이어야 하는 것이 고정된다. 즉, 균질하게 타당하고 지켜야 하는 구속력을 지닌 사물의 기호가 발명되었다는 것이며, 언어의 입법이 이제 진리의 첫 번째 법칙 또한 제공한다는 것이다. 56)

그러나 이런 끊임없이 일어나는 언어적인 명명, 이런 폭력적인 '개념으로 가는 도상(途上)', 쉽게 말해 '개념화'는 처음부터 오류를 발생시킨다. 이유는 다음과 같다.

모든 개념은 동일하지 않은 것을 동일시함으로써 발생한다. 57)

하나의 개념은 라벨, 즉 이름표처럼 사물 위에 붙여지게 되고, 그 사물이 실제에서는 엄밀히 구별되는, 다양한 것임에도 이 이름표는 그 사물과 동일시된다. 니체는 이를 개념으로서의 '잎'을 예로 들어 보여준다.

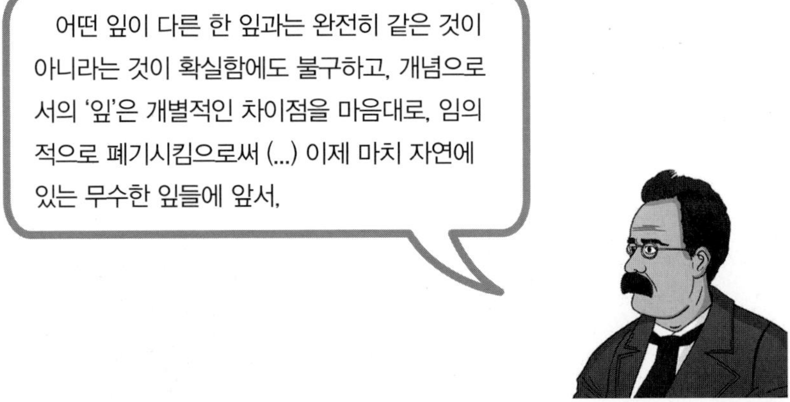
어떤 잎이 다른 한 잎과는 완전히 같은 것이 아니라는 것이 확실함에도 불구하고, 개념으로서의 '잎'은 개별적인 차이점을 마음대로, 임의적으로 폐기시킴으로써 (...) 이제 마치 자연에 있는 무수한 잎들에 앞서,

어떤 원형으로서의 '잎'이 있다는 표상을 만들어 내고 상상하게 한다. 그렇게 하여 세상에 존재하는 모든 잎은 그 원형에 따라 엮어지고, 그려지며, 측정되고, 칠해지며, 주름 잡히고, 채색된다.[58)]

그러니까 '잎'이라는 개념적 이름표는 결코 현실의 잎과는 일치하지 않는다. 또한 자연 그 어디에도 원형의 잎이라는 것이 먼저 있어서 다른 모든 잎을 비로소 가능하게 해주고, 또 그것들의 기초가 되어 주는 그런 일은 없다. 우리는 우리가 만들어낸 개념의 전횡과 자의성을 다양한 언어들 속의 각양각색 개념에서 찾아볼 수 있다. 예를 들어, 그린란드에서는 '눈(雪)'을 나타내는 단어가 7가지나 있으며, 프랑스에는 독일어의 '아늑함(Gemütlichkeit)'에 해당하는 단어가 하나도 없다.

여러 언어를 서로 나란히 세워놓고 보면, 단어라는 것이 진리와는 상관이 없고, 또 적합한 표현도 아니라는 것을 알게 된다.

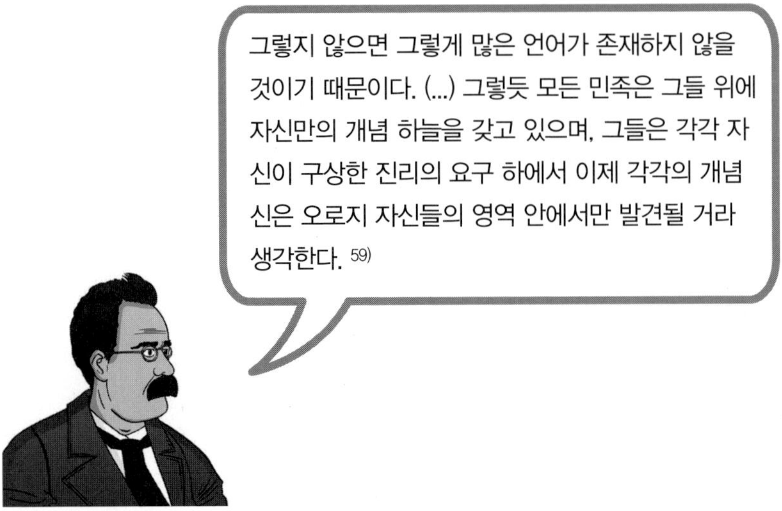
그렇지 않으면 그렇게 많은 언어가 존재하지 않을 것이기 때문이다. (...) 그렇듯 모든 민족은 그들 위에 자신만의 개념 하늘을 갖고 있으며, 그들은 각각 자신이 구상한 진리의 요구 하에서 이제 각각의 개념 신은 오로지 자신들의 영역 안에서만 발견될 거라 생각한다. [59]

그러나 진리를 요구하는 그런 '개념 신' 같은 건 없다. 한 단어 또는 하나의 개념은 그것이 발생할 때, 제일 먼저 하나의 신경 자극, 하나의 감각적 인상으로서 나타난다. 그것은 이후에, 예를 들어 후음(喉音) 같은 소리로, 더 나중에는 몇몇 개의 철자로 모방된다. 그러므로 하나의 개념이란 소리와 이미지를 모방하는 시도라고 할 수 있다. 아이들이 개가 짖는 걸 듣고, 소리를 모방하기 때문에 개에게 '왈왈' 거리며 말을 거는 것처럼, 인간은 뻐꾸기나 부엉이와 같은 개념을 그 울음소리의 조잡한 모방과 복제를 통해 만들어내고, 그다음엔 은유(Metapher)의 도움을 받아서 개념을 만들어낸다. 물론 어떤 사람들은 개의 개념이나 잎의 개념에 있어서 이 은유들이 모든 실재하는 개나 실재하는 잎과 꼭 들어맞게 일치하지 않더라도 그것이 그다지 심각한 일은 아니라며 반기를 들 수도 있을 것이다.

그러나 니체는 엄밀하지 못한 개념이나 은유를 통해 발생하는 수많은 작은 비진리, 즉 거짓들이 결국 증가하게 될 것을 지적한다. 예를 든다면, 일상에서 종종 들을 수 있는 문장인 '찬란한 태양이 떠오르고 있다'는 매우 수상쩍은 표현이다. 왜냐하면 독일어 개념 '찬란한 herrlich'은 '남자 주인 Herr'에서 유래한 것이기에 '안주인 Dame'에서 유래한 '미련한 dämlich'에 반대되는 개념으로서, 이미 그 자체로 가치 상승 내지는 가치 하락의 차원을 동반하기 때문이다. 이 개념은 여성은 기본적으로 미련하고 바보 같으며, 반대로 남성은 경탄을 불러일으키는, 말 그대로 '주인 같은 herrlich' 존재라는 느낌을 불러일으킨다. 또한 '태양의 떠오름'이란 개념도 잘못된 은유다. 물리학적으로 일출은 태양이 떠오르는 것이 아니라, 오히려 지구가 태양 쪽으로 회전하는 것이기 때문이다.

이러한 상황에서 은유가 추상적으로 되면 될수록, 이 은유가 단어의 조합 속에서, 그리고 문장 속에서 더 강력하게 결합되면 될수록, 결국 언어의 현실 모방은 더욱 변조되고 날조된다. 니체는 이로부터 하나의 극단적인 추론을 이끌어낸다.

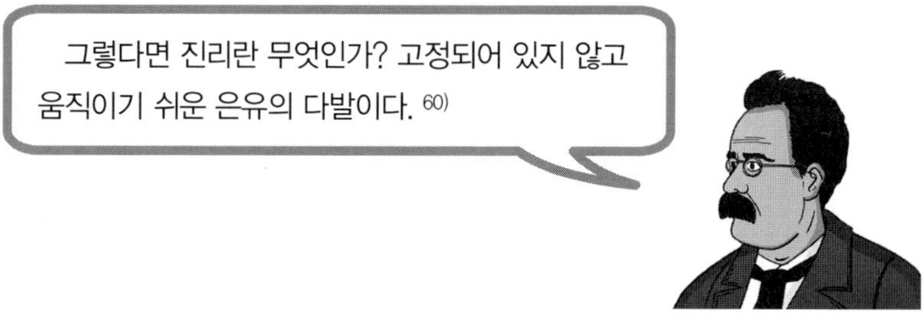
그렇다면 진리란 무엇인가? 고정되어 있지 않고 움직이기 쉬운 은유의 다발이다. [60]

지적이라고 자부하는 머리만 발달한 철학자들도, 아니 그렇기에 바로 그들에게서 결국 극단적으로 추상화된 문장과 발언이 나타난다. 그것은 증명이나 반박은 말할 것도 없이, 더 이상 어떤 사람도 공감할 수 없으며, 다만 '진리는 있다'는 가상을 불러일으킨다. 실제로는 자의적인 말장난만 있을 뿐이다. 그런 말장난 속에서 수많은 감각적 은유는 살해되고, 무의식의 세계로 억압된 뒤에 단지 의식으로 나오도록 허락된, 은유로서의 개념은 다른 개념적 은유와 우연적으로 결합된다. 니체에 따르면, 주사위 놀이를 할 때처럼, 철학자들은 소위 현실이 거울에 비친 상, 즉 다양한 은유를 테이블 위에 던져 놓고, 그때그때마다 그에 해당하는 주사위의 숫자를 합산해 나가고는, 이제 그 총합이 현실이라고 주장한다. 그러나 니체가 보기에 낱말과 문장은 결코 실제와 일치하지 않으며, 그러므로 진실도 아니다. 그것은 오직 상(像), 이미지에 지나지 않는다. 이런 이미지는 지속적으로 사용될 때에서야 자신의 고유한 생명을 가지게 된다.

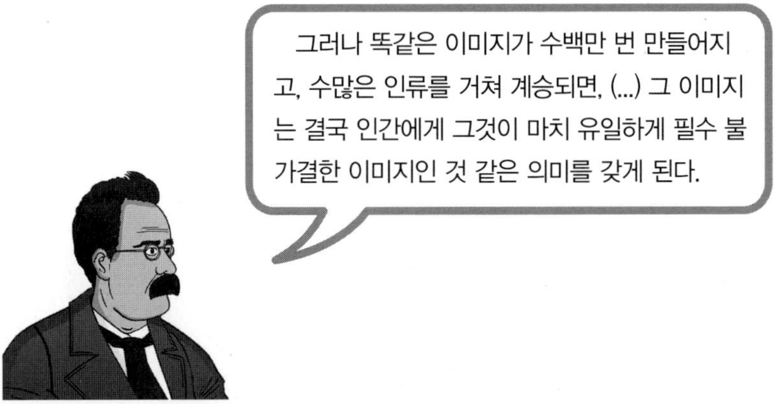
그러나 똑같은 이미지가 수백만 번 만들어지고, 수많은 인류를 거쳐 계승되면, (...) 그 이미지는 결국 인간에게 그것이 마치 유일하게 필수 불가결한 이미지인 것 같은 의미를 갖게 된다.

그러나 어떤 은유가 견고해지고, 고정 불변하게 된다고 해서 (...) 그 은유의 정당성이 보장되는 것은 아니다. [61]

그러나 니체에 의하면, 유감스럽게도 우리는 이 단어들을 천 년 동안 사용해오면서 그것들이 사실은 진리가 아니라, 다만 진리에 근접해 있다는 환상이며, 한낱 은유에 지나지 않는다는 사실을 망각해 버렸다.

진리는 환상이다. 그런 환상으로 인해 사람들은 진리가 환상이란 것을 잊어버렸다. 즉 은유, 그것도 여러 번 써서 닳고 헤어져 감각적 힘을 잃어버린 은유이며, 낡아 빠져 이제 그 위에 그려진 모습과 이미지를 상실한 동전이며, 그래서 더 이상 동전이 아니라 단지 금속물로 취급당하는 은유라는 것을. [62]

시간이 흐름에 따라 인간은 자신들이 사용하는 개념이 환상일 뿐이라는 사실을 서서히 잊어갔다. 그 후 인간은 큰 실수를 저지른다. 이제 인간은 그 추상적인 개념적 사고가 현실로 통하는 유일한 통로라고 간주하게 된 것이다.

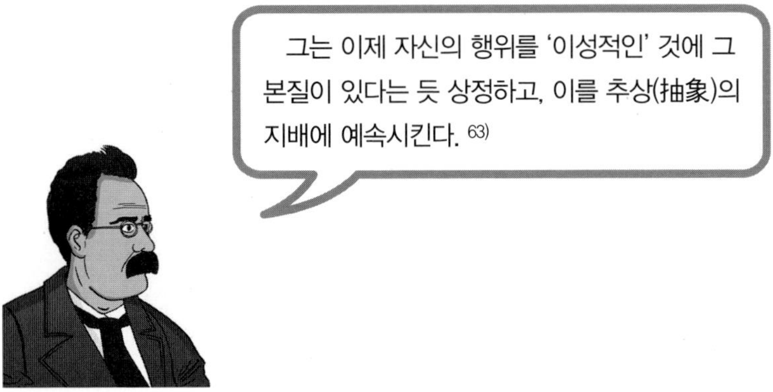
그는 이제 자신의 행위를 '이성적인' 것에 그 본질이 있다는 듯 상정하고, 이를 추상(抽象)의 지배에 예속시킨다. 63)

프랑스 철학자 르네 데카르트(1596~1650)의 '나는 생각한다, 고로 나는 존재한다.'라는 유명한 명제와 함께 인간은 완전히 추상적 사고의 지배와 논리에 대한 믿음에 빠져들게 되었다. 니체는 이런 언어와 이성에 대한 맹신이 현실을 지나쳐버리는 오류와 같다고 비판한다.

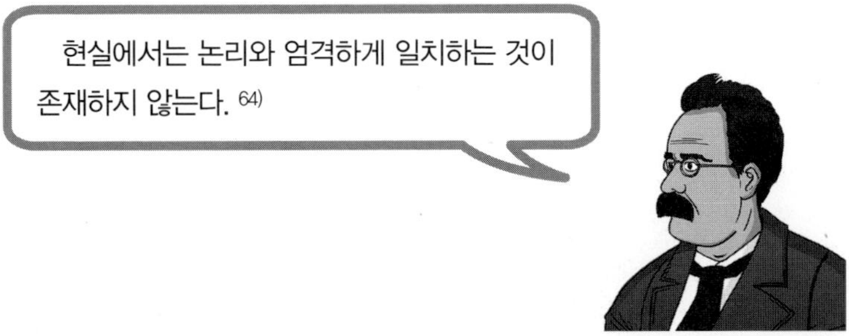
현실에서는 논리와 엄격하게 일치하는 것이 존재하지 않는다. 64)

반세기가 흐른 뒤, 루드비히 비트겐슈타인(1889~1951)과 루돌프 카르나프(1891~1970), 그리고 여러 다른 사상가는 니체의 언어 비판을 다시 끄집어냈고, 심지어는 이 문제가 철학 전체에서 가장 중요한 과제라고 천명하기도 했다. 니체에 의해 폭로된 개념이 가진 오류를 방지하기 위해서 그들은 애초부터 잘못된 개념과 정의는 피하고, 새롭고 엄밀한 학문의 언어를 추구했다. 그러나 그 시도들은 좌초되었다.

니체 자신은 언어 비판을 통해, 언어로 하는 사고와 논리적으로 작동하는 오성이 진리에 대한 요구로까지 뻗어 올라가서는 안 된다는 걸 보여주고자 했다. 그 대신 모든 자유로운 정신, 모든 자유로운 영혼에게 디오니소스적 원칙과 격정의 카오스에, 그리고 궁극적으로는 자기 자신만의 직관에 방향을 두고, 지금까지 우리의 사유라는 건물을 이루고 있던 개념이라는 판자를 때려 부수기를 권한다.

곤궁한 인간이 자신의 삶을 구원하기 위해서 매달려 있는 개념들이라는 저 거대한 기둥과 판자들은 자유로워진 지성에게는 그저 뼈대일 뿐이고, 장난감에 지나지 않는다. (...) 그리고 그 자유로운 정신이 그것을 때려 부수고, 뒤죽박죽 던지고는,

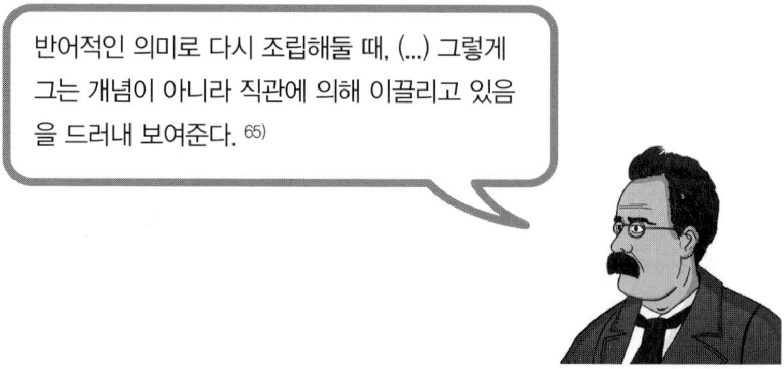
반어적인 의미로 다시 조립해둘 때, (...) 그렇게 그는 개념이 아니라 직관에 의해 이끌리고 있음을 드러내 보여준다. [65]

그리고 바로 이 점이 니체에게 중요하다. 우리는 논리적으로 사고하는 오성과 이미 존재하며 개념이라는 사유의 집을 이루고 있는 판자가 우리를 끌고 다니도록 내버려 두어서는 안 된다. 우리는 오직 직관에 의해 인도되어야 한다. 그리고 이러한 직관이란, 본질적으로 삶에 대한 본능적 의지, 이른바 '힘에의 의지(Wille zur Macht)'에 다름 아니다. 우리는 다음의 사실을 인정할 수밖에 없다.

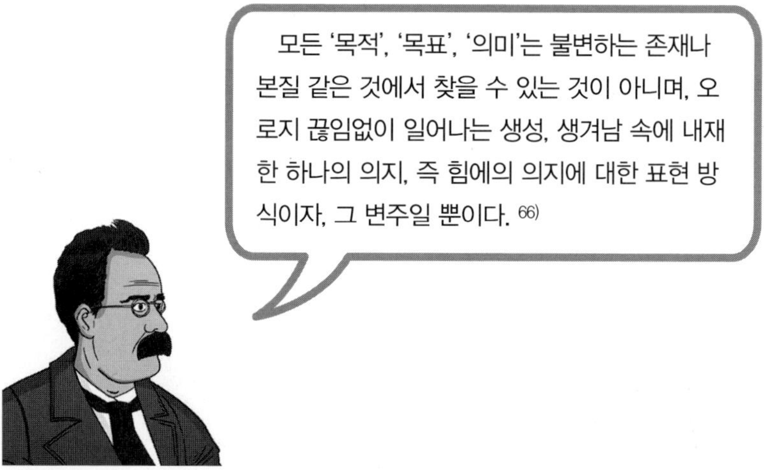
모든 '목적', '목표', '의미'는 불변하는 존재나 본질 같은 것에서 찾을 수 있는 것이 아니며, 오로지 끊임없이 일어나는 생성, 생겨남 속에 내재한 하나의 의지, 즉 힘에의 의지에 대한 표현 방식이자, 그 변주일 뿐이다. [66]

2.5. 삶의 본질로서 힘에의 의지

헤라클레이토스처럼, 니체는 세계 전체가 어떤 근원적 힘, 통제와 제어가 불가능한 격정적인 무의식 영역의 의지에 떠밀려 생성과 소멸을 끝없이 계속하는 과정으로 보았다.

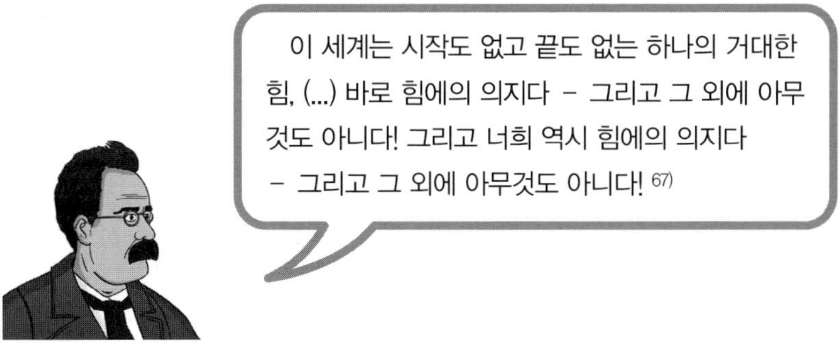
이 세계는 시작도 없고 끝도 없는 하나의 거대한 힘, (...) 바로 힘에의 의지다 - 그리고 그 외에 아무것도 아니다! 그리고 너희 역시 힘에의 의지다 - 그리고 그 외에 아무것도 아니다! [67]

우리는 다른 무엇도 아닌 힘에의 의지다. 하지만 이러한 의지는 단순히 충동적인 힘이나 개인의 능력만을 뜻하지 않는다. 힘에의 의지는 그야말로 현실 전체의 근본 원리다. 그렇기에 이 의지는 동물과 식물, 심지어는 화학 반응에서도 효력을 발휘한다.

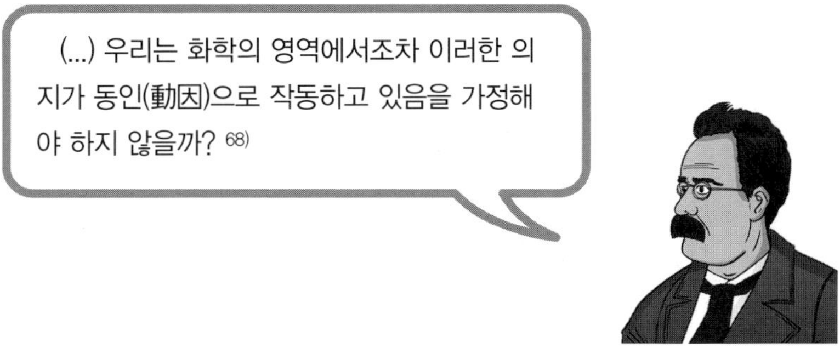
(...) 우리는 화학의 영역에서조차 이러한 의지가 동인(動因)으로 작동하고 있음을 가정해야 하지 않을까? [68]

니체는 화학 물질마저도 사람들이 그것들을 한 곳에 부어 넣고 섞으면 색이 변하기도 하고, 서로 섞이거나 반발 작용을 일으킨다는 것을 지적한다. 어느 경우에서도 물질은 서로 간 방해를 받지 않은 채로 있을 수는 없고, 무언가 새로운 것, '제3의 무언가가 발생한다'. 여기서 작동하는 것이 바로 힘-양자들(Kraft-Quanta)이다.

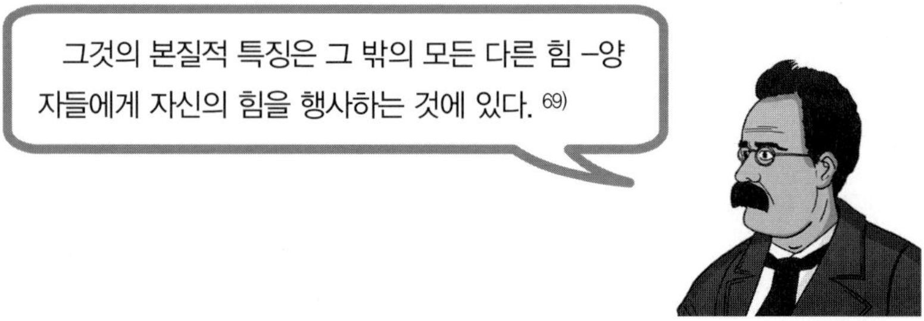
그것의 본질적 특징은 그 밖의 모든 다른 힘 -양자들에게 자신의 힘을 행사하는 것에 있다. 69)

힘-양자들, 혹은 힘 단위 체계들은 소우주뿐만 아니라 대우주를 움직인다.

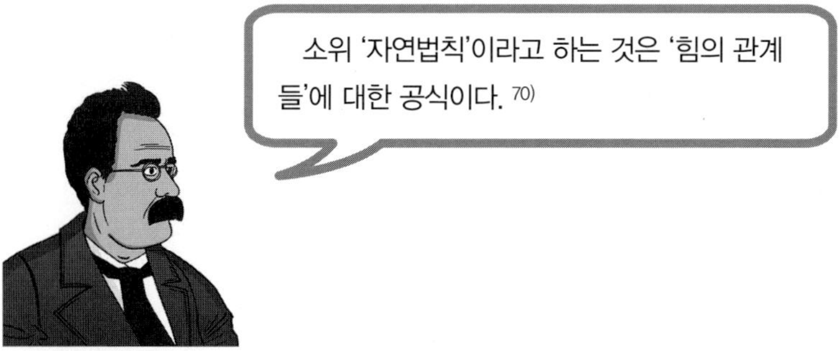
소위 '자연법칙'이라고 하는 것은 '힘의 관계들'에 대한 공식이다. 70)

그렇기에 행성들 간의 간격과 궤도는 그것들의 힘-양자들, 즉 행성들의 인력과 원심력의 수치화될 수 있는 관계로 인해 발생한 것이다.

식물계에서는 힘-양자들이 태양열을 최대로 흡수하기 위해 경쟁하는 성장 에너지로 작용한다. 그리고 동물계에서 힘에의 의지를 보여주는 사례로 니체는 진화상 가장 초기의 생명체인 단세포 생물을 언급한다. 단세포 생물은 맨 처음 나타난 생명체로 전혀 자족적이지도 평화적인 존재도 아니었다. 만약에 한 아메바가 먹이를 찾으러 나가서 단세포 동물이 가진 파동 막으로 무언가를 움켜잡고 내부로 흡수하기 위해 자신의 실 모양 외-세포질, 이른바 '위족(僞足)들을 뻗어내고 더듬댄다'면, 그 또한 '힘에의 의지'에 다름 아니다.

탈취(奪取)와 동화(同化)는 공격자가 상대방을 제압해 버리길 원하는 것이며, 형태를 부여하여, 길들이고 변형하는 것이다. 그래서 마침내 제압되어 버린 것은 공격자의 힘으로 귀속되며, 그 자를 더 거대하게 만들어 준다. [71]

나무가 가지를 하늘로 뻗든, 아메바가 세포 파동 막으로 무언가를 움켜잡든, 또는 물소가 풀을 뜯어먹든, 늑대가 노루를 잡아먹든, 언제나 관건은 모든 살아있는 것의 근본 원리다.

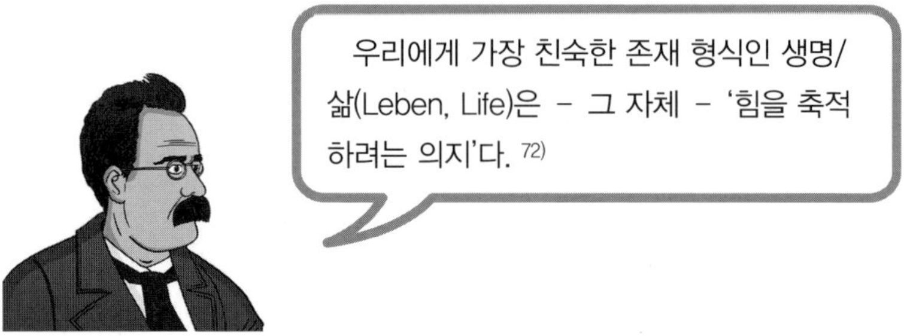
우리에게 가장 친숙한 존재 형식인 생명/삶(Leben, Life)은 – 그 자체 – '힘을 축적하려는 의지'다. [72]

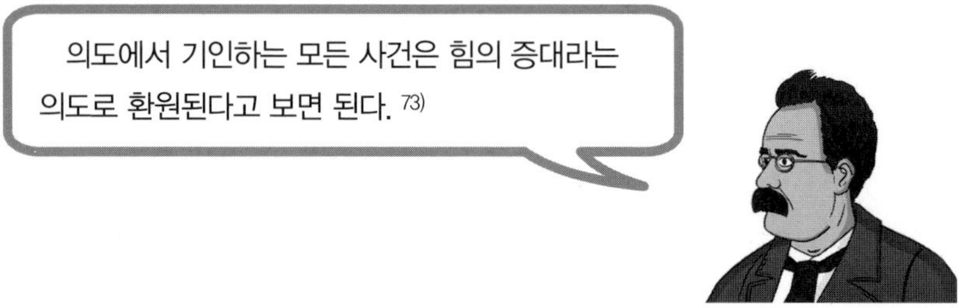
의도에서 기인하는 모든 사건은 힘의 증대라는 의도로 환원된다고 보면 된다. [73]

이는 당연히 인간에게도, 아니 다른 무엇보다 인간에게 해당하는 얘기다. 이때 니체가 큰 의미를 두고 있는 '힘의 축적'이란 단지 자신 안에 있는 에너지를 보존하려는 충동이라는 점에서 자기 보존, 혹은 생존 본능만을 의미하기보다는, 더 나아가 적극적인 삶의 보장, 삶의 고양, 삶의 개선까지 의미한다.

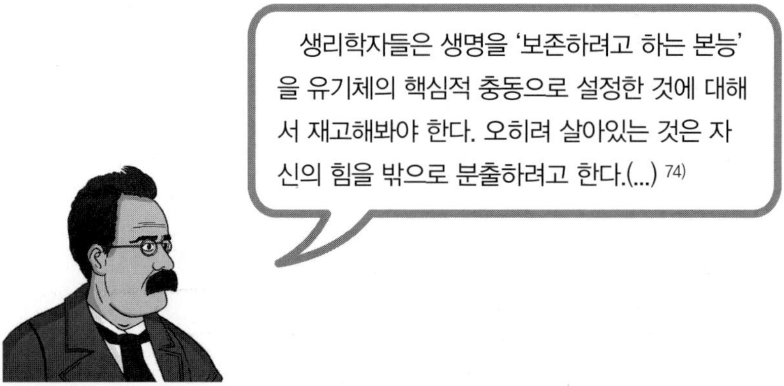
생리학자들은 생명을 '보존하려고 하는 본능'을 유기체의 핵심적 충동으로 설정한 것에 대해서 재고해봐야 한다. 오히려 살아있는 것은 자신의 힘을 밖으로 분출하려고 한다.(...) [74]

그런데 이렇게 현실 세계에서 힘을 분출하고, 사용하는 것은 전혀 사심 없는 행동이 아니다. 오히려 항상 주변 환경과 사람들에게 영향을 끼친다.

> 사람들이 자신만의 '나'를 장려하고, 지지, 지원함에 있어, 항상 다른 사람의 희생이 동반된다. [75]

일상 속에서 사람들에게 다른 선택지는 거의 전무하다. 니체에 따르면, 사람이라는 존재는 항상 불가피하게 다른 개인들을 힘으로 장악하거나, 건드리거나, 육성하거나, 방해하거나, 이끌거나, 고무시키거나, 상처 준다. 인간이 평생 그 무엇이나 누구에게도 영향을 미치지 않고, 파리 한 마리도 해치지 않는 티 없이 좋은 사람으로 남을 수 있다고 믿는다면, 그건 거짓이다.

> '삶은 항상 다른 삶을 대가로 치러야 생명을 유지한다.' – 이를 깨닫지 못한 자는 아직 자신에게 있어 정직으로 향하는 첫걸음도 떼지 않은 것이다. [76]

예를 들어 어떤 사람이 부장으로 승진하려고 노력해서 그 자리를 얻는다면, 그는 승진하지 못한 동료에게 어쩔 수 없이 실망감을 안겨주게 된다. 자기 외에 다른 사람도 사랑에 빠져 있는 아주 매력적인 여인과 결혼하는 것은 그 사람에겐 행운이지만, 부득이하게도 다른 사람에겐 불행이다. 그리고 – 안타깝게도 드물지 않게 발생하는 일인데 – 만약 어떤 사람이 무의식적으로, 아마 전혀 그러길 원하지 않음에도 자신의 아이 중 한 명을 다른 아이보다 더 사랑한다면, 그 사람이 두 아이를 모두 똑같이 사랑하고 싶어 했다 하더라도 덜 사랑받는 아이는 평생 자신이 뒷전이라 느낄 것이다. 이렇게 몇 안 되는 예시는 이미 다른 사람의 삶을 침해하지 않고 산다는 것이 불가능하다는 사실을 보여준다. 또한 공정성이 지상명령인 올림픽 메달리스트조차도 결국 그가 다른 이들을 제치고 능가했기 때문에 승리의 월계관 속에서 빛나는 것이다. 따라서 삶을 고양시키고 자기 자신을 고양시키는 것으로 이해되는 무의식 영역에서 힘에의 의지는 악한 것이 아니며 도덕적인 잣대를 들이대서도 안 된다.

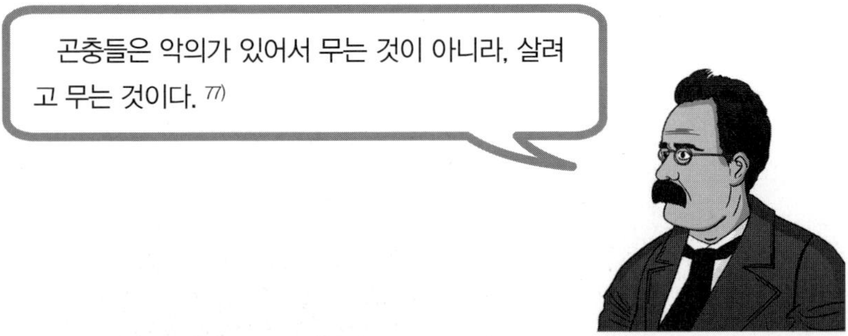
곤충들은 악의가 있어서 무는 것이 아니라, 살려고 무는 것이다. [77]

자유로운 인간은 힘에의 의지, 그리고 자기 발전에 경도(傾倒)되어 있다.

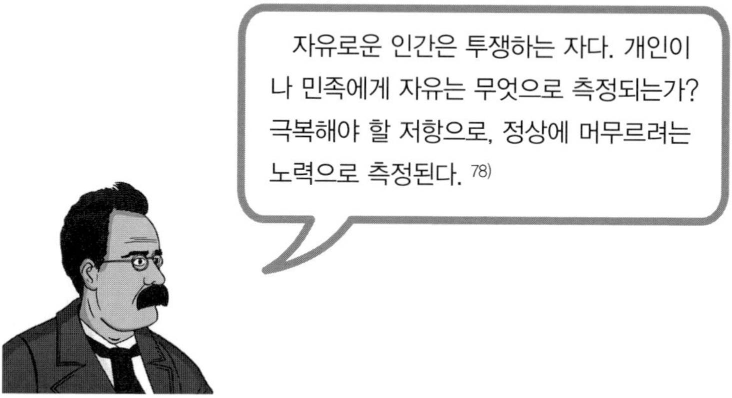
자유로운 인간은 투쟁하는 자다. 개인이 나 민족에게 자유는 무엇으로 측정되는가? 극복해야 할 저항으로, 정상에 머무르려는 노력으로 측정된다. 78)

그리고 큰 저항에 맞서 힘에의 의지를 펼쳤던 민족의 역사적인 예시로 니체는 고대 로마와 베네치아, 그리고 북 이탈리아의 도시 국가들을 언급한다.

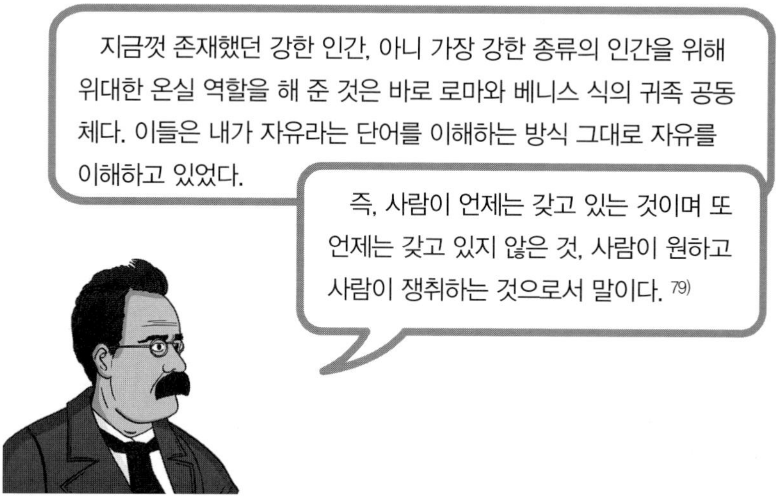
지금껏 존재했던 강한 인간, 아니 가장 강한 종류의 인간을 위해 위대한 온실 역할을 해 준 것은 바로 로마와 베니스 식의 귀족 공동체다. 이들은 내가 자유라는 단어를 이해하는 방식 그대로 자유를 이해하고 있었다.
즉, 사람이 언제는 갖고 있는 것이며 또 언제는 갖고 있지 않은 것, 사람이 원하고 사람이 쟁취하는 것으로서 말이다. 79)

사람이 원하지만 아직 갖고 있지 않은 것을 쟁취한다는 말은 꼭 광활한 영토와 관련된 것만은 아니다. 그보다는 특히 정신적 개척지와 관련이 있다. 그래서 니체는 번영하던 북 이탈리아 도시에서의 르네상스 시기를 힘에의 의지가 놀랍고 모범적인 형태로 펼쳐진 시기라고 본다.

> 오늘날 유럽인은, 가치로만 따진다면, 르네상스 시기 유럽인보다 훨씬 아래에 있다. [80]

니체가 보기에 학문, 예술, 교양, 문학, 건축 등 아주 많은 분야에서 모든 한계를 극복하기 위한 노력이 그렇게 크고 열정적으로 이뤄진 적은 또 없었다.

> 이탈리아의 르네상스는 그 안에 사상의 해방, 권위에 대한 경멸, 혈통의 자부심에 대한 교양의 승리, 학문에 대한 감격, (...) 개인의 해방, 진실성의 타오르는 격정을 (...) 자신 안에 품고 있었다. [81]

레오나르도 다빈치, 보티첼리, 미켈란젤로, 브루넬레스키를 비롯한 많은 이들은 쉼 없이 르네상스 식 인간의 자기 고양에 전념하였다. 무의식 영역에서 힘의 전개는 이처럼 정치 영역뿐만 아니라 예술 영역에서도 발생할 수 있는 것이다.

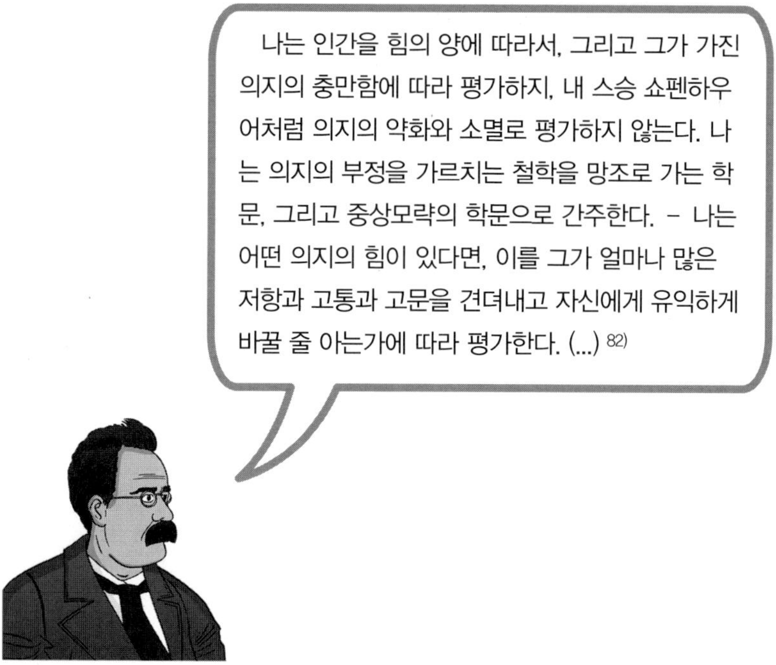
나는 인간을 힘의 양에 따라서, 그리고 그가 가진 의지의 충만함에 따라 평가하지, 내 스승 쇼펜하우어처럼 의지의 약화와 소멸로 평가하지 않는다. 나는 의지의 부정을 가르치는 철학을 망조로 가는 학문, 그리고 중상모략의 학문으로 간주한다. - 나는 어떤 의지의 힘이 있다면, 이를 그가 얼마나 많은 저항과 고통과 고문을 견뎌내고 자신에게 유익하게 바꿀 줄 아는가에 따라 평가한다. (...) 82)

그런데 '힘에의 의지'의 한계는 어디까지 일까? 나의 목적을 위해 다른 사람을 죽여도 된다는 말인가? 니체는 어떤 고귀한 목표를 달성하는 것이 우리의 생존보다 혹은 다른 사람의 생존보다 더 중요하게 되는 상황이 실제로 있을 수 있다고 본다.

> 실행력 있는 자들의 염세주의: 격렬하게 싸우고 나서 심지어 승리하고서도 '무슨 목적으로?'라고 묻게 된다. 단지 '우리가 잘 지내고 있는지 못 지내고 있는지'라는 질문보다, 그리고 '다른 자들이 잘 지내고 있는지 못 지내고 있는지'라는 질문보다 백배나 더 중요한 무언가가 있다. 이는 바로 모든 강한 본성이 지닌 근본 충동이다. 짧게 말하자면, 우리는 하나의 목표가 있다. 그리고 이를 위해서는 인간을 제물로 바치는 것을, 모든 위험을 무릅쓰는 것을, 모든 심각한 것과 가장 심각한 것마저 짊어지는 것을 주저하지 않는다. 이것이 바로 위대한 열정이다. [83]

힘에의 의지를 마음껏 펼치고 부득이한 경우에는 인간의 희생조차도 주저하지 말라는 니체의 충고는 언뜻 잔인하게 들린다. 그러나 확실히 이런 것이 요구되는 상황이 있다. 가령 전 독일 총리 헬무트 슈미트(Helmut Schmidt)가 그런 결정을 해야 했다. 1977년 서독 적군파(RAF, Red Army Faction)의 테러리스트들이 83명의 승객을 태운 비행기와 경영자 협회 회장이었던 한스 마르틴 슐라이어(Hanns Martin Schleyer)를 납치하고, 수감된 바더 마인호프(Baader Meinhof) 그룹원

들의 석방을 요구했다. 그렇지 않으면 그들은 인질을 모두 죽일 것이었다. 슈미트 총리는 그 자신이 말한 것처럼 '석방이냐 인질 희생이냐'라는 결정 앞에 서 있었다. 그리고 그에게 도움이 될 만한 도덕적 규율은 하나도 없었다. 슈미트 총리는 2007년 디 짜이트(Die Zeit)와의 인터뷰에서 다음과 같이 말했다. "(...) 또다시 범죄를 저지를 범법자를 내보냄으로써 비행기에 있는 사람들이 풀려나게 해야 하는가 - 이런 물음에 대한 대답은 헌법에 나오지 않는다. 그리고 성경에서도, 코란에서도, 토라에서도 찾아볼 수 없다!" [84)]

그는 결국 비행기를 공격하라고 명령했다. 인질들은 구출되었지만, 납치되었던 한스 마르틴 슐라이어는 사망했다. 슈미트 총리는 더 높은 목표를 위해 매우 엄격한 결정을 내렸다. 다른 사람의 생명에 맞서서, 그리고 니체가 요구하듯 자기 자신에게 맞서서 말이다. 그는 서면으로 다음과 같은 지시를 덧붙였다. "슈미트 부인 또는 슈미트 씨가 납치당할 경우, 국가는 협상하지 않는다." [85)]

힘에의 의지는 어떤 극한 상황 속에서 더 높은 목표를 위해 자기 자신 또는 다른 사람의 희생을 요구할 수 있다. 여기까지는 니체에게 동조할 사람도 있겠다. 그러나 그의 텍스트에는 이를 넘어서는 부분들도 있는데, 거기서 살인과 살해가 우리들의 눈으로 보았을 때, 더 이상 구체적이고 더 높은 목표를 위해 이용되지 않는다. 즉 전쟁에서 발생하는 살해가 생기를 잃어가는 민족에게 다시 새로운 에너지를 공급하기에 원칙적으로 좋은 품성 교육이라고 선전하고 있다. 이 목적을 위해서라면 니체에게 전쟁은 심지어 '필수 불가결한 것'이다.

> 전쟁은 피할 수 없는 것이다. (...) 현시점에서 앞으로 얼마 동안 우리는 생기를 잃어가는 민족에게 야영지의 저 거친 에너지, (...) 양심에 거리낌 없는 살인자의 냉혹함,
>
> (...) 커다란 상실에 대한, 자기 자신의 실존과 동료의 실존에 대한 저 자랑스러운 무관심을, (...) 저 큰 전쟁이 수행하듯 그렇게 강하고 그렇게 확실하게 전달할 수 있는 다른 수단을 알지 못한다. [86]

여기서 니체는 전쟁 체험을 문화의 퇴락과 몰락을 뜻하는 데카당스에 대한 치료제로 묘사하고 있다. 물론 그는 전쟁 참여를 정당화할 수 있는 근거가 있는지 없는지를 주제로 다루고 있지는 않다. 하지만 그에게 있어 전쟁은 그 자체로 민족에게 또다시 '야영지의 거친 에너지'와 '양심에 거리낌 없는 살인자의 냉혹함'을 마련해준다. 이런 말이 불편하게 들릴지 몰라도 위에 인용된 텍스트와 같은 부분에서 이어지는 유럽의 미래에 대한 암담한 예측은 놀랍도록 정확하다.

사람들은 (...) 이 시대의 유럽인처럼 고도로 문화가 발달하고, 그렇기에 필연적으로 생기를 잃어버린 인류는 그들의 문화와 실존 자체를 잃지 않기 위해,
그냥 전쟁이 아니라 가장 크고 무시무시한 전쟁, 즉 야만으로의 일시적인 복귀를 요구한다는 것을 결국 깨닫게 될 것이다. [87]

1878년에 나온 이 텍스트에서 니체는 유럽 사회에 대해 '크고 무시무시한 전쟁'과 '야만으로의 복귀'를 예견하는 동시에 그것이 문화를 강화하는데 필수적이라며 정당화하고 있다. 그리고 이런 부분은 확실히 '어두운 니체'에 속한다. 또한 다음과 같은 텍스트에서는 다소 격앙된 말투로 '맹수'적 본능과 힘에의 의지를 마음껏 발휘하는 전 세계의 다양한 무사 계급을 거론한다.

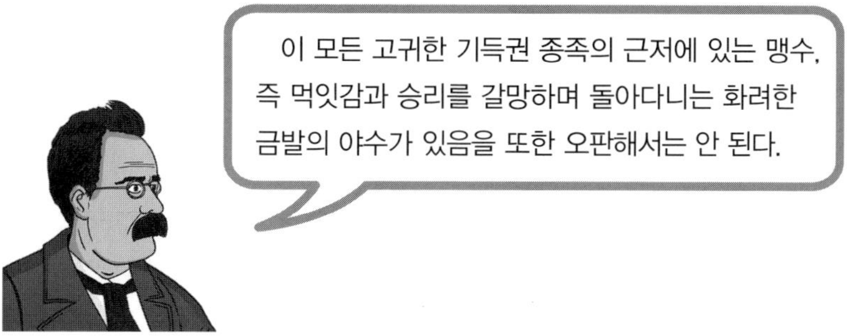
이 모든 고귀한 기득권 종족의 근저에 있는 맹수, 즉 먹잇감과 승리를 갈망하며 돌아다니는 화려한 금발의 야수가 있음을 또한 오판해서는 안 된다.

이런 감춰진 근저는 때때로 분출을 필요로 한다. 짐승은 다시 밖으로, 다시 야생으로 돌아가야만 한다. - 로마, 아라비아, 독일, 일본의 귀족 계급과 호메로스의 영웅들, 스칸디나비아의 바이킹족은 이런 욕구를 가지고 있다는 점에서 모두 동일하다. [88]

일본의 사무라이 전사, 스칸디나비아의 바이킹, 로마와 독일의 기사, 그리고 고대 그리스의 호메로스 영웅들에 대한 경외심을 일면 보여준다는 점에서 니체는 의심할 여지 없이 이후 무솔리니나 나치 등 전쟁을 일으킨 여러 나라를 통해 수용됨을 방조한 면이 있다. 또한 니체가 약(한) 자들에 대한 기독교 윤리적 동정에 역행할 것을 반 기독교적으로, 그리고 도발적으로 권하는 구절 역시 문제시된다.

그러나 나는 말하노라. 떨어지고 있는 것을 사람들은 마저 걷어차 버려야 한다. [89]

이러한 '어두운 니체'의 면모는 지난 몇 년간 그에 대한 2차 문헌에서 결국 중요한 문제가 된 '영혼의 귀족 정치'에 대해서만 논의됨에 따라, 곧잘 유화되어 부드럽게 다뤄지곤 했다. 하지만 그것은 그의 사유를 파시즘의 원전으로 해석하는 것만큼이나 잘못된 것이다.

니체의 글은 그때그때의 기분과 관점에서 튀어나오는 도발로 가득 차 있다. 그건 마치 은광, 다이아몬드, 석탄, 화강암, 그리고 온갖 종류의 독소가 묻혀 있는 광산과 같다. 2차 연구자들은 저마다 자신의 해석에 맞는 것을 채굴해낸다. 그러나 우리는 니체를 온전하게 보아야만 한다. 즉 니체가 전쟁, 정복, 맹수의 본능, 악한 것에 호들갑 떠는 부분을 은폐해서도 과대평가해서도 안 된다. 의심의 여지 없이 니체는 전쟁의 파토스에 동조하고 있다. 그는 쿵쿵대며 선동하기도 한다. 그러나 정반대로 그는 파시스트도, 나치도 아니다.

왜냐하면 다음 한 가지 사실이 확실하기 때문이다. 니체는 점점 우세해지고 있는 '뿔 달린 멍청한 짐승의 민족주의' 또는 전 유럽을 파괴할 수도 있는 '민족주의가 지닌 광기'를 다른 누구보다 정확히 비판한다. 특히 독일 제국 설립 이후의 독일 우월주의는 그의 신경을 건드렸다. 설령 어떤 민족이 그들의 문화 때문에 애국주의적으로 된다 치더라도, 니체는 그 민족은 (비꼼을 동반해서 – 자신의 조국인 독일이 아니라) 그가 숭배해 마지않던 프랑스일 거라고 이야기한다. 그의 태도는 단호했다. 니체는 자기 자신과 자신의 추종자들을 휴머니스트(인문주의자)로 여긴 적은 없지만, 어떤 경우에도 민족주의자나 인종주의자라고는 생각하지 않았다.

(...) 우리는 우리가 '인간에 대한 사랑'을 설교하는 것을 절대 허락하지 않을 것이다. (...) 그러나 그렇다고 우리는 민족주의와 인종 혐오를 변호할 정도로 그렇게
'독일적'이지는 않다는 점은 이미 오래전부터 자명한 사실이다. (...) 한마디로 말해서 우리는, – 우리 자신의 명예에 관한 문제다! – 단지 좋은 유럽인이다. 90)

그러나 가장 분명한 점은 다음과 같다. 니체는 모든 전체주의 또는 민족(국가)주의 이데올로기에 대항해 그들 안에 있는 '르상티망(Ressentiment, 적대감/원한)'을 지적하는 자신의 이론 속에 자기 자신이 서 있음을 밝히고 있다. 무의식 영역에서 힘에의 의지는 모든 인간의 근원적인 행동 동기다. 그러나 강하고 자유로운 정신을 가진 자들이 그들의 힘을 창조적으로 펼치며 그들의 가치를 마음껏 뽐내는 반

면, 약하고 자유롭지 못한 자들은 그들이 가진 모든 힘의 본능을 억압하며 다른 사람들이 그들에게 결정해준 무리 짐승의 도덕을 노예와도 같이 지킨다. 그러나 압박이 너무나 커지는 어떤 특정한 시점이 오면 그들에게는 이른바 '르상티망'이 생겨난다. 그것은 질투와 증오의 감정으로, 그들은 광신적 대중이 그러하듯 이 감정들을 제멋대로 풀어놓아 버린다.

요컨대 광신주의란 약자들과 불안한 자들도 이룰 수 있는 유일한 '의지의 강화'다. 91)

즉 약한 자들, 그리고 니체의 표현을 빌리자면 '얼뜨기들'은 살아보지 못한 삶으로 인해 쌓여 있는 에너지를 탈탈 털어 모아 그것을 다른 것, 가령 남의 나라, 자유로운 정신을 가진 자, 유대인, 아니면 아예 그들이 투사할 수 있는 모든 인간을 향해 공격한다. 그들은 다른 사람들을 깎아내림으로써 자신을 '자신의 비참한 상황 너머로 옮겨 놓고', 이제 스스로 '중요하다'라고 느끼려고 한다.

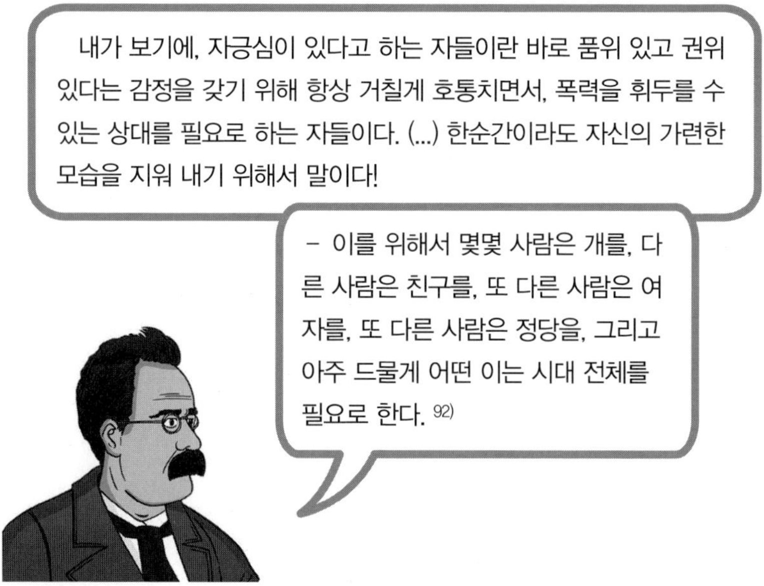
내가 보기에, 자긍심이 있다고 하는 자들이란 바로 품위 있고 권위 있다는 감정을 갖기 위해 항상 거칠게 호통치면서, 폭력을 휘두를 수 있는 상대를 필요로 하는 자들이다. (...) 한순간이라도 자신의 가련한 모습을 지워 내기 위해서 말이다!
– 이를 위해서 몇몇 사람은 개를, 다른 사람은 친구를, 또 다른 사람은 여자를, 또 다른 사람은 정당을, 그리고 아주 드물게 어떤 이는 시대 전체를 필요로 한다. [92]

요약하면, 힘에의 의지는 모든 살아있는 것의 근원적 힘이다. 그것은 우주, 식물, 동물, 그리고 인간의 영역 속에서 작동한다. 인간에게는 이 힘에의 의지를 억압하거나 다른 방향으로 유도하거나 비열한 르상티망 속에서 분출하지 않고, 그가 가진 모든 창조적인 힘을 모으고 발휘하여 자신의 최고의 잠재력을 실현시키는 게 중요하다. 그것이야말로 더 높은 유형의 인간, 바로 위버멘쉬의 시작점이자 위버멘쉬로 향한 길이기 때문이다.

2.6. 위버멘쉬 - 새로운 삶의 방식

도대체 위버멘쉬란 누구일까? 그는 어떤 특징을 갖고 있을까? 니체의 대답은 다층적이며 시적(詩的)이다. 특히 그는 자신의 핵심 작품인 『차라투스트라는 이렇게 말했다』에서 위버멘쉬에 대한 그의 비전을 주제로 다뤘다. 이 작품의 서두에서부터 니체는 주인공인 예언자 차라투스트라가 10년간의 침묵을 끝내고 산에서 인간세계로 내려와 그들에게 새롭고 디오니소스적인 시대의 시작을 공표하게 한다. 이제부터 '더 높은 존재', 소위 위버멘쉬는 지금까지의 인간을 대신하고 그들을 교체하게 될 것이며, 그래야만 한다.

왜냐하면 현대인이 맨 처음 신이 죽었다는 것을 알게 되었을 때, 즉 더 이상 자기 영혼 구원을 예전의 종교적 가치 속에서 찾을 수 없다는 것을 알게 되었을 때, 그들에게는 딱 세 가지 가능성이 남아있었기 때문이다. 첫 번째, 그들은 기존 종교의 대체물이나 거짓된 우상을 따르게 된다. 예를 들면 민족(국가)주의, 반유대주의, 사회주의, 사회진화론, 또는 소비사회의 속물적 가치와 그것이 제공하는 구원의 약속 같은 것이 있다. 두 번째, 그들은 허무주의에 빨려 들어가 제자리걸음만 하게 되고 무감각해지며 목적을 잃고 체념하게 된다. 그리고 세 번째 가능성은 니체가 우리에게 권하는 것으로, 급진적일 만큼 이전에 없던 새로운 방향을 정립하는 모험을 감행하는 것이다. 우리는 이제 지금까지 없었던 위대한 걸음을 앞으로 내디뎌야 한다. 바로 위버멘쉬로 향한 걸음이다. 위버멘쉬는 신과 우상을 걷어내어 자기 자신의 창조적 가능성을 발견하고 이를 기존의 모든 사슬로부터 풀어낼 것이다.

신은 모두 죽었다. 이제 우리는 원한다. 위버멘쉬가 살기를. [93]

다시 말해, 신과 함께 이전의 모든 가치가 사망해버렸다는 것을, 그리고 그 무엇도, 그 누구도 앞으로 우리가 어떻게 살아야 할지 더 이상 말해 줄 수 없다는 것을 깨달은 순간, 우리는 이제 자기 자신에 대한 신뢰를 시작해야만 한다. 그때야말로 위버멘쉬가 탄생하는 순간이다. 그러므로 위버멘쉬는 동시에 '신과 무(無)도 이긴 승리자'다. 그는 자기 자신의 입법자이고, 미래를 결정하며, 기존과 다른 새로운 가치를 요청한다.

> 어떻게 해야 인간이 더없이 찬란하고, 강력한 모습으로 고양될 수 있는지 숙고하는 사람은 무엇보다도 먼저 자기 자신을 기존의 도덕 그 너머에 두어야 한다는 것을 깨닫게 될 것이다 (...). [94]

니체의 위버멘쉬는 자기 주도적으로 행동하며, 그 자신 속에서 일어나는 충동이 실존에서 열매를 맺는 데에 모든 것을 건다. 이를 위해 위버멘쉬는 공동체에 맞춰 사는 무사안일한 삶을 그만둔다.

> (...) 실존, 즉 지금 여기에 있음에 가장 큰 풍요로움과 가장 큰 향유를 수확할 수 있는 비밀은 바로 이것이다. 위험하게 살아라! [95]

비록 위버멘쉬가 '위험하게', 그리고 자신만의 잣대를 가지고 살아간다 해도, 그는 우리가 만화나 영화에서 알던 '슈퍼맨'은 아니다. 그는 상처 하나 입지 않는 힘을 가진, 그래서 다른 모든 이를 능가하는

힘을 가진 자도 아니며, 승리의 영웅으로서 감탄을 사거나 존경을 받는 자도 아니다. 그는 오히려 한 명의 아웃사이더이자 기존 질서를 범하는 자이고 시련을 겪으며 비극적이기까지 하다. 그리고 그는 다른 별에서 온 것도 아니다. 위버멘쉬는 본질적으로 보통 사람과 구별되는 다섯 가지 특징을 가지고 있다. 첫째, 위버멘쉬에겐 삶의 최우선이 행복해지는 것이 아니다. 둘째, 그는 자기 자신의 입법자다. 셋째, 그는 자신 안의 더없이 숭고한 가치를 위해 열정적으로 싸우며, 이를 위해 희생할 준비마저 되어 있다. 넷째, 그는 허영심이 없고 다른 사람의 의견에 의존하지도 않는다. 그리고 다섯째, 그는 삶을 사랑한다.

위버멘쉬가 결국 만화 주인공 '슈퍼맨'과 연결되는 유일한 지점이 있다면, 그건 특정한 형태를 지닌 정신의 강인함일 것이다.

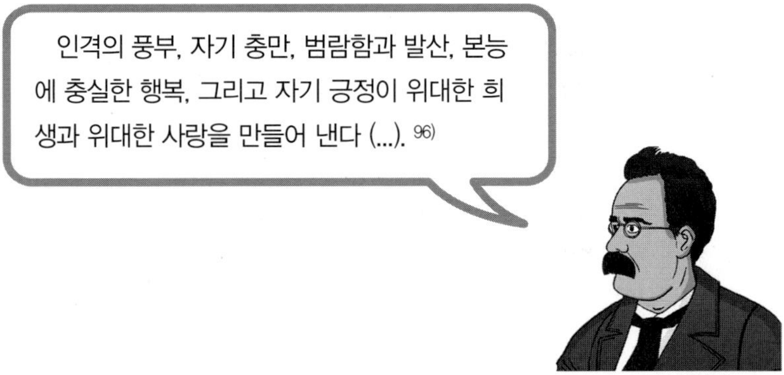
인격의 풍부, 자기 충만, 범람함과 발산, 본능에 충실한 행복, 그리고 자기 긍정이 위대한 희생과 위대한 사랑을 만들어 낸다 (...). [96]

위버멘쉬에 해당하는 강인함은 신체적인 것이 아니라 본래 정신적인 힘이다. 그는 힘에의 의지를 믿고 따르기 때문에 내적, 외적 저항

에 맞서 자신이 가진 최고의 잠재력을 펼치기 위해 노력한다. (하지만 통상은 이렇다.)

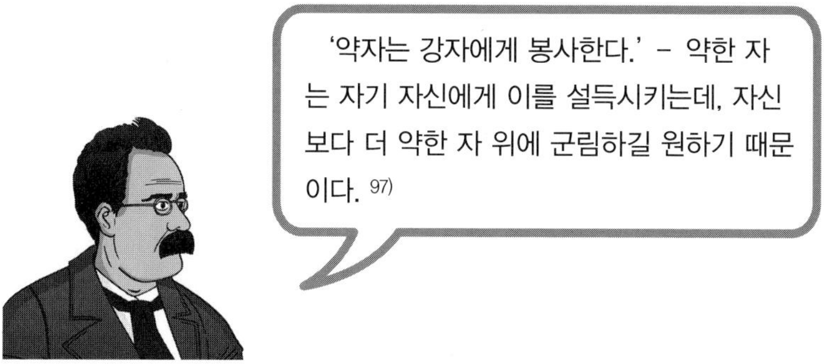
'약자는 강자에게 봉사한다.' - 약한 자는 자기 자신에게 이를 설득시키는데, 자신보다 더 약한 자 위에 군림하길 원하기 때문이다. [97]

그러나 니체가 '강함', '약함', '주인 도덕', '노예 도덕', 그리고 '위버멘쉬'와 같은 속성들로 그려내고 있는 것은 어떤 그룹도 국가도 인종도 아니다. 그것은 (가축) 무리 도덕에 맞서서, 지배자의 원칙에 맞서서, 그리고 물질 만능의 소비 사회에 맞서서 결연히 서 있는 각각의 강력한 개인들이다. 그렇지만 이렇게 강력한 개인들이라고 해도 아주 쉽게 약자가 되기도 한다. 만약 그들이 아웃사이더로서 사회 다수의 힘과 무리 도덕의 힘을 감지하게 된다면 말이다.

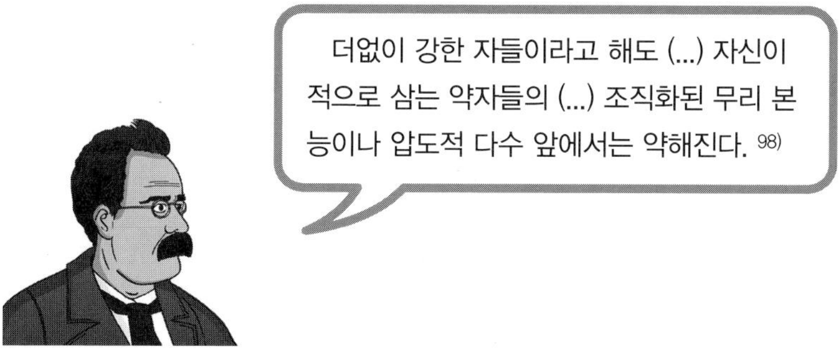
더없이 강한 자들이라고 해도 (...) 자신이 적으로 삼는 약자들의 (...) 조직화된 무리 본능이나 압도적 다수 앞에서는 약해진다. [98]

니체에게 있어 약함이란 '르상티망'이고, '노예 도덕'이며, 자기 자신을 드높이기 위해 타인을 향해 갖는 증오와 질투다. 이와 반대로 위버멘쉬는 수 세기 넘게 자신의 발전을 막고 있던 기독교의 무리 짐승 도덕과 현대의 대중 사회로부터 스스로 자기를 철저하게 해방시키는 자로 자신을 이해한다.

(...) 기독교는 (...) 이렇게 더 높은 유형의 인간과 대적해서 사투를 벌였고, 이러한 유형들이 가진 모든 근본 본능을 추방시켜 버렸다 (...). [99]

그러나 사람들은 자신의 창조적인 힘을 발휘하기 위해 바로 이런 동물적이고 디오니소스적인 본능을 기억해내야 한다. 니체의 위버멘쉬는 한편으로 귀족, 군주, 반도덕주의자, 개척자이고 용기 있는 정복자이며, 다른 한편으로는 창조적이고 디오니소스적이면서 직관적이고 예술적이며 넘쳐흐르는 사랑으로 가득 차 있다. 따라서 객관적으로 봤을 때 그는 극단적으로 상반되는 측면을 갖고 있다. 그것은 다음의 인용문에서 다시 분명해진다.

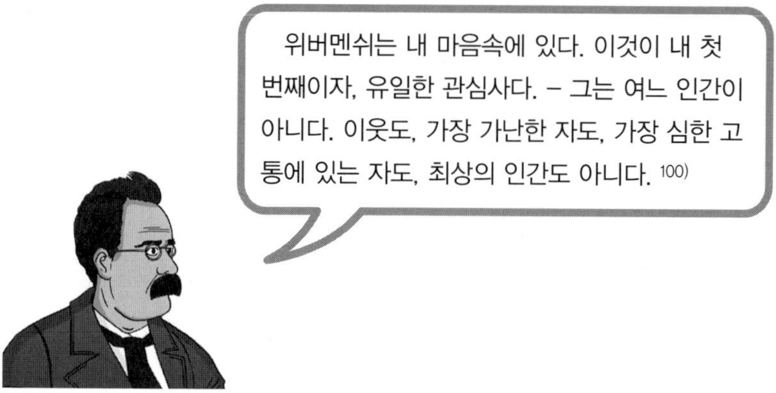
위버멘쉬는 내 마음속에 있다. 이것이 내 첫 번째이자, 유일한 관심사다. – 그는 여느 인간이 아니다. 이웃도, 가장 가난한 자도, 가장 심한 고통에 있는 자도, 최상의 인간도 아니다. [100)]

여기서 니체가 우리에게 예고하고 있는 위버멘쉬란, 이웃을 사랑하는 자도 가난한 자도 동정심 있는 자도 아니며, 반대로 – 이는 놀라운 반전이라고 할 수 있는데 – '최상의 인간'도 아니다. 왜냐하면 최상의 인간은 가장 인정받는 자이거나 가장 부유한 자이거나 가장 아름다운 자이거나 가장 힘센 자일 지는 몰라도 자신의 행위를 위해 타오르고 고통을 겪는, 디오니소스적으로 정열적인 위버멘쉬와는 상당한 거리가 있기 때문이다.

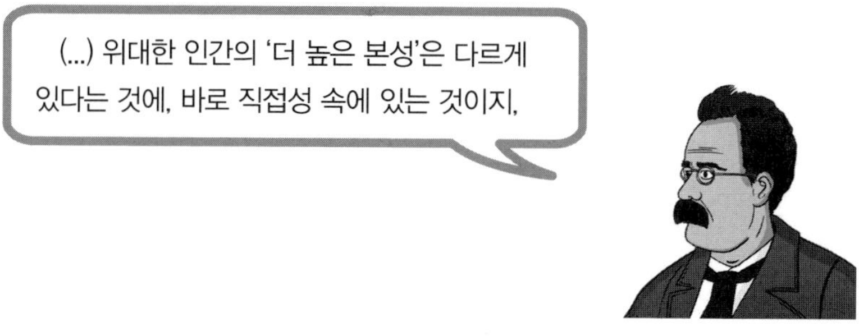
(...) 위대한 인간의 '더 높은 본성'은 다르게 있다는 것에, 바로 직접성 속에 있는 것이지,

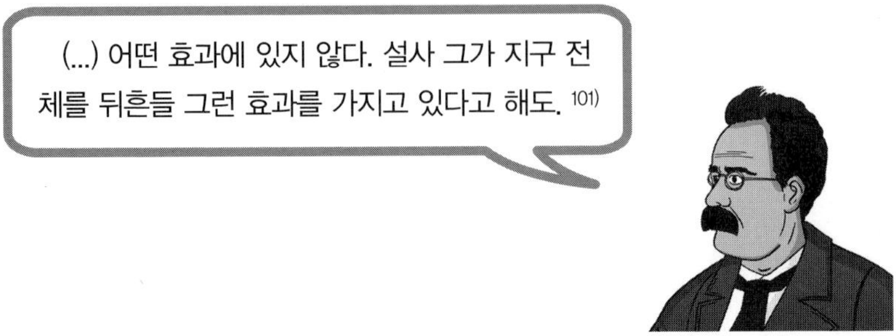
(...) 어떤 효과에 있지 않다. 설사 그가 지구 전체를 뒤흔들 그런 효과를 가지고 있다고 해도. 101)

이러한 '직접성', 다시 말해 사람들이 전혀 더 이상 중재할 수 없는 고귀한 목표를 고수하는 것이 바로 '고귀한 인간'을 만든다. 그가 일으키는 반향이 있다고 해도, 이와 아무런 상관이 없다. 따라서 '지구를 뒤흔든' 독재자들은 전혀 위버멘쉬라고 할 수 없으며 자본가들 역시 전혀 상관이 없다.

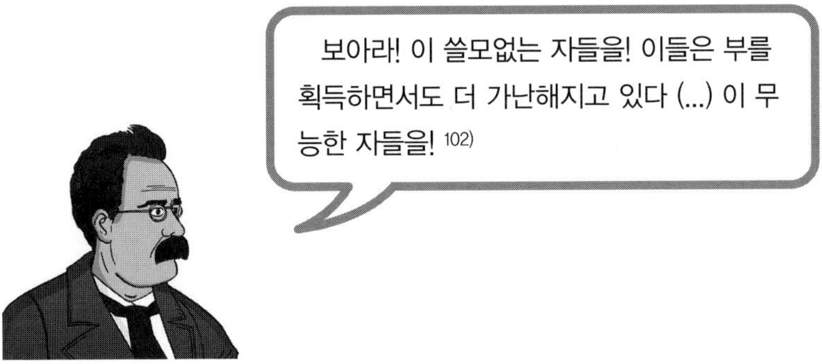
보아라! 이 쓸모없는 자들을! 이들은 부를 획득하면서도 더 가난해지고 있다 (...) 이 무능한 자들을! 102)

위버멘쉬의 영웅적인 면모는 결국 그가 모든 의지력을 자신의 가장 높은 목표에 바친다는데 있다. 그러므로 여기엔 자신이 거기서 얼마나 많은 고통을 당했는지, 그렇게 해서 행복해질 것인지 여부는 전혀 상관없다.

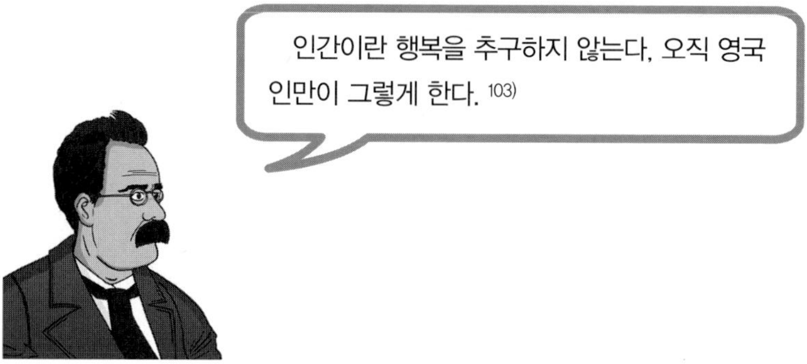
인간이란 행복을 추구하지 않는다. 오직 영국 인만이 그렇게 한다.[103]

여기서 니체는 오늘날에도 널리 알려져 있는 영국의 공리주의를 비판한다. 공리주의에 따르면 모든 행위의 최고 목표는 최대 다수를 위한 최대 효용과 그에 따른 최대 행복을 달성하는 데 있어야 한다. 이는 산술적인 면만 중요시한 소인배 도덕, 니체의 표현에 따르면 '소상인의 도덕'과 다를 바 없다. 이에 반해 디오니소스적 인간은 효용에 대해 어떠한 저울질도 하지 않고, 다만 정열적으로 자신의 일에 전념한다. 그는 칭찬이나 인정도 바라지 않는다.

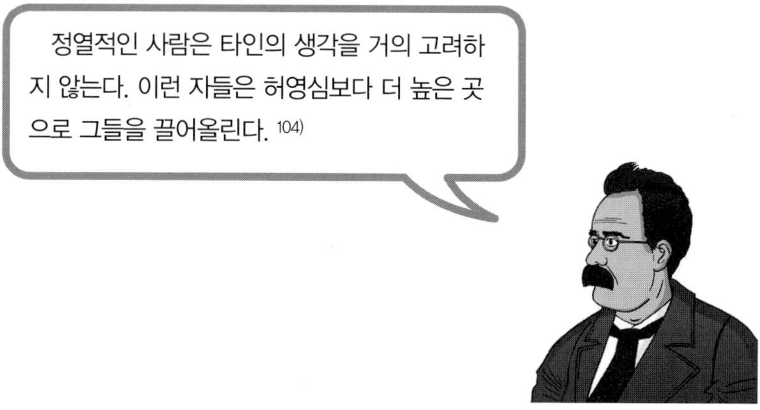
정열적인 사람은 타인의 생각을 거의 고려하지 않는다. 이런 자들은 허영심보다 더 높은 곳으로 그들을 끌어올린다.[104]

예를 들어 많은 위대한 예술가는 평생 어떤 금전적, 사회적 인정을 받지 못했음에도 그들의 삶의 스타일에 동요를 일으키지 않고 가장 깊은 내면에서 나오는 창조적 동력에 성실히 머물러 있었다. 그리고 니체가 괴테와 더불어 '위대한 인간'의 예시로 제시하는 나폴레옹을 보면, 그는 마지막엔 파멸하여 세인트헬레나로 유배된다.

힘에의 의지를 발휘하고 자신의 고유한 잠재력을 디오니소스적으로 펼쳐내는 일은 결국 어떠한 성취를 의미하지 않는다. 기본적으로 위버멘쉬에게 중요한 것은 사회적 성공이나 정치권력 또는 부유함이 아니라, 이전에 없던 완전히 새로운 방식으로 삶을 실존적으로 고양시키는 것이다. 그는 개인으로서 그가 내놓아야만 하는 모든 것을 내놓고자 하며 열정을 다해 스스로를 내어준다. 이때 그가 종종 이해받지 못한다거나 장렬히 좌초된다고 해도, 그것은 궁극적으로 전혀 중요하지 않다. 그는 삶에서 만나고 부딪히고 처리해야 하는 바로 그 저항들, 방해물들마저도 사랑한다. 그는 환희와 고통을 그만큼 똑같이 사랑한다.

> 인간의 위대함에 대한 나의 공식은 아모르파티(Amor fati)다 (...). 필연적인 운명을 단순히 감내하기만 하는 게 아니라 (...), 사랑하는 것이다. [105]

2.7. 동일한 것의 영원회귀

아모르파티(Amor fati)를 번역하면 '운명에 대한 사랑'이다. '운명을 사랑함'은 많은 논란을 일으키는 니체의 '동일한 것의 영원회귀' 이론에서도 중요한 문제다. 우리는 삶을 받아들여야 한다. 비록 그 뒤에 더 높은 의미가 숨겨져 있지 않더라도 말이다. 니체는 지상의 삶보다 높은 의미로 이해되는 신을 거부했을 뿐만 아니라 진화를 통해 목표를 설정하며 더 높은 곳을 향해 발전해 나가는 진보적 사유 또한 거부했다.

인류는, 오늘날 사람들이 믿고 있는 것처럼, 더 나은 발전이나 더욱 강한, 또는 보다 높은 발전을 보여주고 있지 않다. '진보'란 하나의 현대적 이념일 뿐이다. 다시 말해, 하나의 잘못된 이념에 불과하다. [106]

니체는 우리가 역사 속에서 어떤 규정된 목표를 향해 상승 운동을 하고 있다는 모든 진보적 사고에 의구심을 던진다.

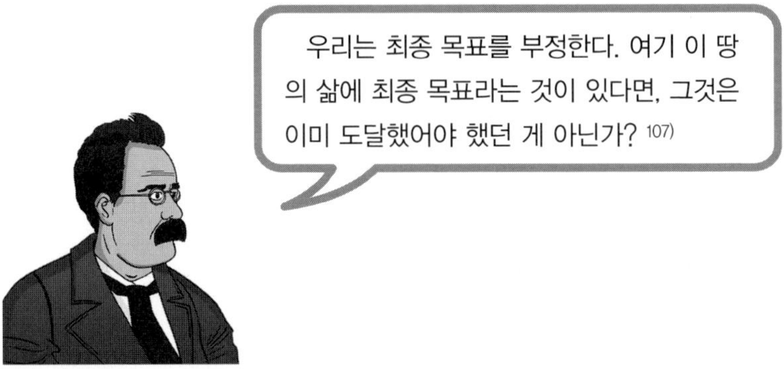
우리는 최종 목표를 부정한다. 여기 이 땅의 삶에 최종 목표라는 것이 있다면, 그것은 이미 도달했어야 했던 게 아닌가? 107)

이상적인 사회를 실현한다는 궁극적 목표가 존재한다면, 그것은 오래전에 실현됐어야 했다. 위버멘쉬, 이 역시도 목표를 향해 힘쓰는 상승 운동의 결과가 아니다. 항상 다시금 매번 순간적으로 도래하는 '지복(至福)의 사건'이다.

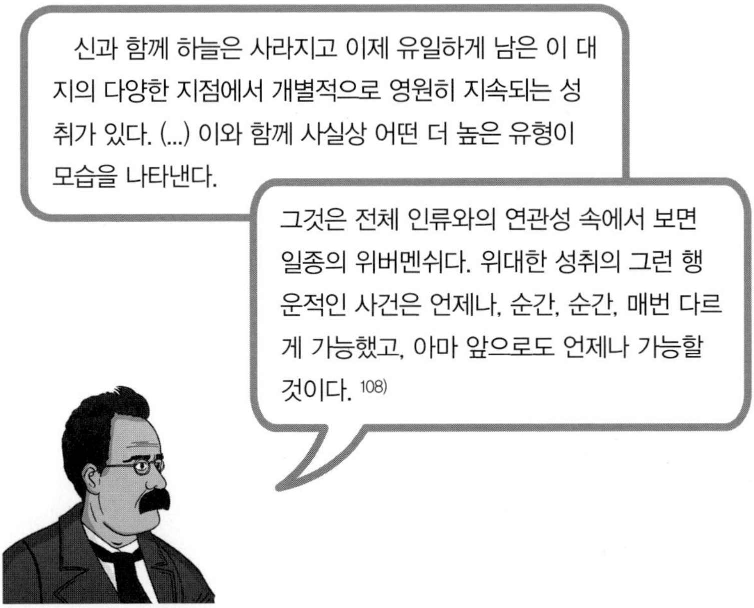
신과 함께 하늘은 사라지고 이제 유일하게 남은 이 대지의 다양한 지점에서 개별적으로 영원히 지속되는 성취가 있다. (...) 이와 함께 사실상 어떤 더 높은 유형이 모습을 나타낸다.
그것은 전체 인류와의 연관성 속에서 보면 일종의 위버멘쉬다. 위대한 성취의 그런 행운적인 사건은 언제나, 순간, 순간, 매번 다르게 가능했고, 아마 앞으로도 언제나 가능할 것이다. 108)

니체는 당대 위력을 떨치던 역사 철학의 자리에 자신의 유명한 순환 이론으로 동일한 영원 회귀를 상정한다. 니체의 생각은 이렇다. 만약 시간이 끝없이 흐르고 우주는 과학이 주장하듯 실제로 제한된 수의 물질과 에너지로 이루어져 있다면, 모든 물질은 시간의 흐름 속에서 무한히 매번 새롭게 배열된다.

예를 들어 날씨는 매우 한정적이고 화학적, 물리적 과정을 통해 계속 반복되는 물질의 배열로 구성된다. 그리고 사람들은 기상 예보를 들으며 자주 데자뷔를 경험하곤 한다. "또 궂은 날씨군"이라며. 그런데 구체적인 하루의 궂은 날씨가 이미 지난번에 있었던 날씨와 미세하게 다를지라도, 천 년 또는 제약 없이 무한한 시간 안에서는 언젠가 정확히 반복된다는 건 매우 개연성 있는 일이다. 더불어 아름다운 일몰은 그렇게 사람들이 믿고 싶어 하지만 유일무이하진 않을 것이다. 그러려면 사람들은 항상 동일한 사진을 딱 한 번만 봐야 한다.

기상 예보, 일출, 계절 등의 순환 운동만 영원 회귀를 보여주지는 않는다. 니체는 무한성을 고려해 볼 때 우리 자신의 실존 또한 흔히 믿는 것처럼 유일무이하지 않다고 말한다. 수 조 해가 넘는 시간이 흐른 뒤, 또는 아직 예측할 수도 없는 우리 은하계의 영원 속에서 언젠가 이전에 있었던 생물의 잔해로부터 다시 우리와 세세한 부분까지 동일한 분자 조합이 형성된다는 것은 수학적으로 완전히 가능한 일이다.

> 세계는 수 없이 많은 살아있는 존재의 잔해다. 살아있는 존재가 전체에 비해 아직 터무니없이 적을 지라도. 모든 잔해는 이미 한때 생명으로 바뀌었던 것이며, 그렇게 계속된다. [109]

> (...) 실존(das Dasein), 지금 이 순간에 있음; 마치 그것이 그러하듯, 여기엔 어떤 의미도 목표도 없다. 하지만 피할 수 없이 지금 이 순간은 다시 돌아온다. 무에 이르는 피날레도 없이; 지금, 이 순간의 '영원 회귀'만 있을 뿐이다. 이것은 허무주의의 극단적 형태다. 무('의미 없음')는 영원하다. [110]

위 문장은 니체의 글이 흔히 그렇듯 도발적이고 이해하기 매우 어렵다. 첫째, 우리의 실존, 즉 여기 이 찰나적 순간이 매 순간 매번 다른 모습으로 회귀하며, 그렇기에 이 순간은 매번 다르지만, 순간의 도래는 반복된다는 점에서 유일무이하지 않다고, 다시 말해 동일하다고

말한다. 둘째, 우리의 실존, 여기 이 순간에 있음은 이 세상에서 어떤 의미도 목표도 없이 존재한다고 확신한다. 또한 그 경과 속에서 세계의 의미가 마침내 파악되거나, 영원 회귀가 종료되는 피날레나 결승전도 없다고 말한다.

그럼에도 불구하고 니체는 우리에게 반복적인 순환, 여기, 이 순간은 연속성이 아니며, 그런 점에서 역사적으로도 논리적으로도 이성적으로도 이해되지 않기에, 여기, 이 순간 발현의 불합리에 직면해서 체념할 것이 아니라 이 엄청난 과정에 속해 있음을 긍정하고 그것을 마음 깊이 느끼고 이를 즐기라고 촉구한다. 니체는 동일한 것의 영원 회귀를 특유의 시적인 언어로 다음과 같이 묘사한다. 이는 우리를 자연, 세계 질서, 그리고 온 우주와 연결시켜주는 힘이다.

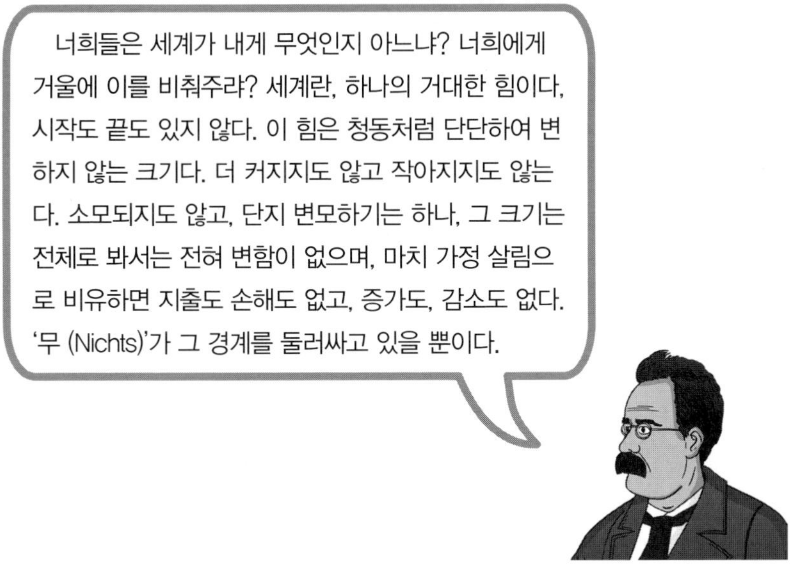
너희들은 세계가 내게 무엇인지 아느냐? 너희에게 거울에 이를 비춰주랴? 세계란, 하나의 거대한 힘이다, 시작도 끝도 있지 않다. 이 힘은 청동처럼 단단하여 변하지 않는 크기다. 더 커지지도 않고 작아지지도 않는다. 소모되지도 않고, 단지 변모하기는 하나, 그 크기는 전체로 봐서는 전혀 변함이 없으며, 마치 가정 살림으로 비유하면 지출도 손해도 없고, 증가도, 감소도 없다. '무 (Nichts)'가 그 경계를 둘러싸고 있을 뿐이다.

> 융해되어 사라지는 것도 없고, 부질없이 탕진되지도 않으며, 무한히 확장하지도 않는다. 하나의 힘이 한 공간에 집어넣어 질뿐이다, 이곳은 이제 '비어 있는' 공간이 아니다. 힘으로써 어디든 존재하고, 힘의 유희(遊戲)로, 힘의 파동으로 존재하며, 하나이며 동시에 '여럿'이다. 이곳에서는 축적이, 저곳에서는 감소가 있을 뿐이다. 힘은 마치 폭풍이 휘몰아치고, 파도가 넘실거리는 바다처럼, 영원히 요동치며 변화하고 있고, 다시 되돌아온다, 끝도 없는 세월과 함께 반복되며. [111]

영원 회귀는, 놀랍게도 다윈의 진화론과 모순되지 않는다. 니체 역시 다윈처럼 세계가 끝없는 변화 속에 있다고 이해했다. 다만 니체는 좀 더 큰, 거대한 시간과 공간 속에서 사유하고 있다. 가령, 만약 과학이 예측하는 것처럼 태양이 언젠가 다 타버려서 태양과 함께 지구도 모두 타버린다면, 아마 그러는 동시에 수백만 개의 다른 태양계에서는 새로운 진화가 시작되고 또한 그중 몇몇은 이미 흘러가 버린 것의 반복일 것이다. 니체는 더 웅장한 톤으로 반복의 원동력을, 우리를 모두 붙들어 매고 있는 힘에의 의지로 표현한다.

자신의 형태가 마치 빠져나가는 썰물과 밀려 들어오는 밀물처럼, 가장 단순한 것에서부터 가장 다층적인 것으로 나아가며, 고요하고, 굳어진, 차가운 것에서부터 가장 강력히 작렬하는, 전적으로 날것의, 전적으로 자기 자신과 모순적인 것으로 나아가며, 그러고는 다시 충만함에서 단순한 것으로 돌아오며, 모순의 유희에서 합일의 즐거움으로 되돌아오며, 이때 이런 자기 삶의 궤적과 세월 속에서도 여전히 자기 자신을 긍정하면서, 영원히 반복되어야 하는 것으로, 어떠한 포만감이나, 어떠한 권태나, 어떠한 피로도 모르는 '생성(das Werden)'으로서, 자기 자신을 축복한다:

나의 디오니소스적 세계, 이는 영원히－자기－자신을－창조하고, 영원히－자기－자신을－파괴하는 세계다, 이러한 비밀스러운 이중적 육욕(肉慾)의 세계, 나의 선악의 저편; 만약 이런 순환이 지닌 행복에 목표가 없다면, 목표란 것은 없다. 만약 이런 반지 모양의 순환이 선한 의지로 긍정되지 않는다면, 의지란 것은 없다.

너희는 여기에 이름을 붙이기를 원하느냐? 이 수수께끼의 해답을 원하느냐? 너희를 위해 빛을 하나 던져주랴? 너희, 가장 깊이 숨겨진 것이며, 가장 강력한 것이며, 가장 경악해 마지않는 것이며, 가장 한밤중에 있는 자들인, 너희에게. 이 세계는 힘에의 의지다 – 그리고 그 외에 아무것도 아니다! 그리고 너희 역시 힘에의 의지다 – 그리고 그 외에 아무것도 아니다! [112]

덧붙여 영원 회귀의 가르침은 우리가 개인적인 삶을 구상하는 데에도 의미와 가치를 지닌다. 니체의 생각에 따르면 개인의 윤회 같은 건 존재하지 않으며, 죽음 이후의 삶 또한 없다. 하지만 그렇기에 우리는 자신에게 다음과 같은 실존적인 질문을 던질 수 있게 된다. 지금 있는 바 이대로 나의 실존이 매번 반복될지라도 나는 이 실존의 반복을 정말로 원하고 있는가?

3. 니체의 발견은 오늘 우리에게 어떤 도움이 될까?

3.1. 니체가 옳았는지 – 우리는 악(惡)이 없는 반쪽 인간인가?

니체의 철학은 급류가 덮치듯 모든 가치를 완전히 쓸어가 파괴해 버린다. 그에게는 어떤 것도 신성하지 않다. 그런데 모든 가치의 전도는 우리를 어디로 데려갈까? 결국 모든 게 허용되는 걸까? 악함과 약탈, 살생까지도? 니체는 반문으로 대답한다.

> '약탈하지 말라! 살생하지 말라!' – 한때 사람들은 이러한 말을 신성하다고 여겼다. (...) 하지만 내가 너희에게 묻는다. (...) 모든 생명 자체에 이미 약탈과 살생이 있지 않은가? [113]

약탈과 살생, 살인은 인류의 시초부터 명확한 삶의 일부였고, 그 끝

은 누구도 예측하지 못한다. 가령 미국의 공식적인 범죄 통계는 매해 지속적으로 만 오천 건의 살인이 발생하고 있음을 보여준다. 하지만 어떤 이들은 통계에서 제시된 만 오천 건의 살인은 미국인이 3억 2천만 명이라는 걸 고려할 때 예외에 지나지 않으며, 이는 사람들이 대체로 폭력 없이 살고 있다는 걸 증명한다고 말할 수도 있다. 따라서 '악(惡)'은 원칙적으로 인간 존재와 그들의 문화에 속하지 않는다고 본다. 문명을 통해 개화된 인간은 학교에서 배우는 것처럼 타인과 협력하고 소통하며, 폭력 없이 자신의 삶을 설계한다. 그러면서 형 집행에서의 태형이나 훈육 과정에서 발생하는 체벌도 해묵은 과거의 일에 속하게 되었다.

이는 희망적이다. 그러나 사람들이 밤에 텔레비전을 켜면 다른 장면이 펼쳐진다. 사람들은 폭력 범죄나 테러 행위, 군사 분쟁을 뉴스에서만 보는 게 아니라 뉴스 다음에도 바로, 다른 때도 아닌 그 밤의 '유쾌하고 단란한 시간'이 시작되는 시간에도 본다. 리모컨으로 이 채널 저 채널을 기웃거리다 보면 누구라도 강한 인상을 남기는 '악'의 전시장을 목격하게 된다. 거기에는 비명, 위협, 협박, 약탈, 갈취, 납치, 구타, 격투, 사격, 폭행, 심지어는 식인 행위도 나온다. 첩보원, 은행 강도, 연쇄살인마, 좀비, 돌연변이, 백상아리, 심지어 외계 생명체들까지 섬뜩한 일을 저지른다. 그런데 왜 그럴까? 무엇이 그렇게 매혹적이기에 방송사들은 매일 저녁 불법적이고 공격적이며 악한 것들을 우리 거실로 송출하는 걸까? 니체가 옳았던 걸까? 악은 정말 인간 본성의 일부일까?

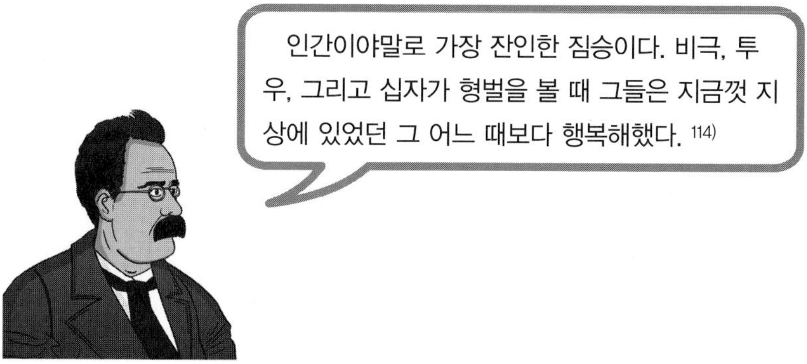
인간이야말로 가장 잔인한 짐승이다. 비극, 투우, 그리고 십자가 형벌을 볼 때 그들은 지금껏 지상에 있었던 그 어느 때보다 행복해했다. [114]

실제로 중세에는 능지처참이나 참수형이 행해지는 날 가장 많은 사람이 모였고, 고대 로마에서는 검투사나 맹수들의 격투가 있을 때 많은 사람이 모였다. 그리고 오늘날에도 헤비급 선수들의 시합이나 범죄 현장은 수많은 관중을 불러 모은다. 매주 자행되는 살인을 그렇게 매력적으로 만드는 게 무엇일까? 훌륭한 경찰 업무에 대한 관심일까? 그것이 아니라면 우리의 일상적인 삶의 울타리인 경계선 저 너머에 있는 살인자의 내면세계를 관음증적으로 바라보고 싶은 호기심이 발동한 걸까? 혹은 그 경계란, 우리 자신 속의 공격적이고 반사회적인 부분으로 금지되고 터부시 되던 건 아닐까? 그렇다면 우리는 결국 자신의 그림자에 매혹되는 것일까? 세상의 모든 문화가 정복, 싸움, 살인, 권력 행사 등 어두운 면을 다루는 영화에 엄청난 수요를 갖고 있다는 점은 확실하다.

지금까지 세계에서 가장 성공한 TV 시리즈는 〈왕좌의 게임〉이다. 이 시리즈는 실제로 살인, 사랑, 증오, 고문, 함정, 배반, 권모술수, 폭력, 살육, 절망으로 가득 차 있는 장엄한 음모극이다. 제목에서 나타나듯 '일곱 개 왕국'의 왕좌를 차지하기 위한 다툼이 펼쳐진다. 주인공들은 자신이 가진 최고의 재능과 숨겨져 있던 본능을 전력으로 사용하는 숙명적 싸움 속에서 그들의 '힘에의 의지'를 따른다. 고통을 극복하는 능력의 한계치로 치달으며 힘을 둘러싸고 벌어지는 이런 영웅적 투쟁은 인류의 모든 위대한 서사시와 신화에서 전형적으로 등장하는 주제다. 니체는 이제 우리가 이 사실을 직면하고 힘을 향한 인간의 굶주림을 인정할 것을 촉구한다.

우리가 힘에의 의지를 부정하고 자연스러운 충동을 억압한다면, 그것은 우리의 본성과 사명을 외면하는 일이다. 그것은 삶을 '부인(否認)'하는 것이다. 니체에 의하면, 사람이 힘을 발휘하는 일을 포기하고 그 대신 동정심과 이웃에 대한 사랑, 비폭력과 복종에 의존할 때 그는 한낱 반쪽짜리 인간이 된다. 우리는 자기 고양(高揚)의 욕구와 힘에의 의지를 받아들여야 한다. 비록 그것이 어딘가 악마적인 면을 지니고 있다고 해도 말이다.

(...) 힘에 대한 사랑은 인간 속에 있는 악마다. 인간에게 모든 것을 손에 쥐여줘 봐라. 즉 건강, 음식, 살 곳, 쾌락 등, 그래도 그들은 여전히 불행하고 우울해한다.

악마가 여전히 자신의 차례를 기다리고, 또 기다리며, 만족되기를 바라고 있기 때문이다. 그럼 이제 그들에게서 모든 것을 빼앗아서 이 자를 만족시켜보자. 그러면 인간은 행복감을 느낄 것이다, 마치 인간이든 악마든 모두 행복해질 수 있는 그런 최대치로 말이다. [115]

우리는 자신의 고유한 이익을 추구할 때 어쩔 수 없이 다른 사람의 이익을 건드리게 되고 그러면 권력 행사는 불가피하다.

자기 자신에게 머무르며 다른 영역을 침범하지 않는 이기주의란 없다. [116]

이기주의, 니체의 표현으로 말하자면 '삶의 고양'은 우리 본능의 일부이며 그러므로 그것이 다른 사람의 이기주의, 또는 삶의 고양을 침해할지라도 '악'한 것이 아니다.

(...) 이 척도에 따라서 실존의 악하고 고통스러운 특성을 책망하는 것은 내 관심사가 아니다. 그보다 [나는] 그 실존이 지금껏 그랬던 것보다 언젠가 더욱더 악하고 고통스러워지기를 바라는 희망을 놓지 않고 있다. [117)]

즉, 힘에의 의지란 선악의 저편에 있다. 그렇다면 그 경계는 어디에 있을까? 니체는 농담조로, 악이란 자신의 한계가 상승된 형태라고 칭찬한다. 니체는 실존이 동반하는 악하고 고통스러운 면을 비난하지 않는다. 오히려 실존이 자신의 의지와 힘을 펼쳐내는 일에 있어서 제 몫을 더 증가시키고 '더욱더 악하고 고통스러워지기를' 바란다. 그렇다면 니체는 도덕을 모두 없애고 싶은 걸까?

무엇이 좋은 것인가? – 힘의 감정, 힘에의 의지를 끌어올리는 모든 것이다. 무엇이 나쁜 것인가? – 약함에서 비롯한 모든 것이다. [118)]

니체는 자신을 위대한 '반도덕주의자', '적그리스도'라고 즐겨 불렀다. 그리고 실제로 둘째가라면 서러울 만큼 낡은 도덕과 기독교를 나약하다고 비판했다. 그러나 니체는 절대로 '부도덕한' 사람이 아니었다. 그는 다만 사람들이 더 높은 존재 또는 위버멘쉬로 향하는 길 위에서 자신을 낡은 가치 체계로부터 해방시키고 그 대신 자기만의 가치와 도덕을 세워야 한다고 주장한다.

> 우리는 (...) 우리 자신이 되길 원한다. - 새롭고, 한 번뿐이며, 비교 불가능하고, 자기 스스로 입법자가 되며, 창조하는 자가 되길 원한다! [119)]

따라서 '새로운 유형의 인간', 즉 위버멘쉬는 부도덕한 사람이 아니고 오히려 스스로 자기 자신의 입법자인 사람이다. 위버멘쉬는 기독교인보다 더 도덕적이다. 왜냐하면 기독교인은 십계명과 모든 다른 가치를 단지 외부로부터 처방받고 있기 때문이다.

> 도덕주의자, 그의 가치척도는 그의 외부에 있다. [120)]

니체는 모든 것에 적용되는 도덕을 거부한다. 이런 도덕은 개인주의를 부정하고 모든 사람에게 그들이 누구 여야 하고 어떻게 있어야 하는지에 대해 동일한 이상을 제시한다.

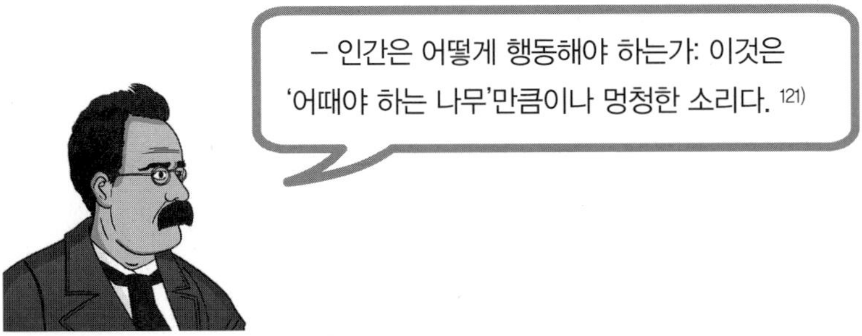
– 인간은 어떻게 행동해야 하는가: 이것은 '어때야 하는 나무'만큼이나 멍청한 소리다. [121]

신의 죽음 이후, 인간은 노예 도덕으로부터 해방되고 자신만의 개인적인 가치를 만들어내야 한다. 그렇기에 차라투스트라는 다음과 같은 결정적 질문을 던진다.

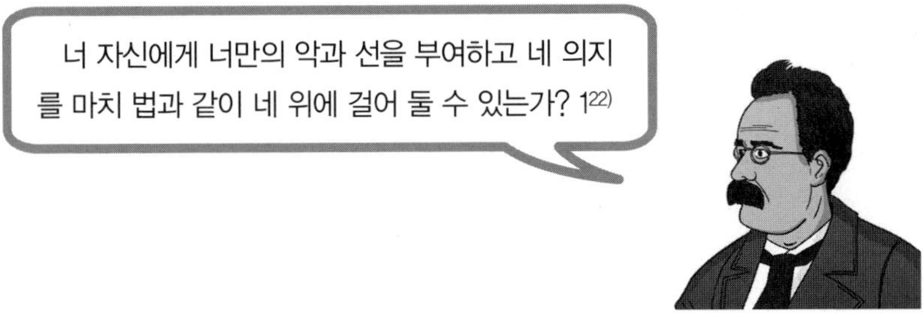
너 자신에게 너만의 악과 선을 부여하고 네 의지를 마치 법과 같이 네 위에 걸어 둘 수 있는가? [122]

이로써 니체는 매우 급진적인 형태로 현대 개인주의의 극한까지 사유한다. 개인이 아니면 누가 개인을 도덕적으로 통치해야 하는가? 그러므로 니체는 부도덕한 자가 아니었다. 그는 다만 가치의 다원주의를, 개인 도덕의 다원주의를 요구했을 뿐이다.

별들의 왕국에는 때때로 한 행성의 궤도를 결정짓는 두 개의 태양이 있을 수 있듯이, 어떤 경우에는 다양한 색을 가진 태양들이 단 하나의 행성 위를 한 번은 붉은빛으로, 곧바로 다시 한 번은 초록색으로, 그리고 나선 다시금 이 행성과 부딪치며, 다채로운 빛으로 넘실거리며 비추는 것처럼, 현대인은 우리의 '별로 가득 찬 하늘'의 복잡한 역학 덕분에 다양한 도덕들로 규정되고 있다. 우리 행위는 서로 계속 변해가며 다른 색깔로 빛이 난다. 그 행위들은 하나의 의미를 가지는 경우는 거의 없다, – 우리는 다양한 색채를 가진 행위를 수없이 하고 있다.[123]

그러나 국가 내 공동생활에 있어서 '다양한 도덕'이란 무엇을 의미하는 걸까? 니체는 자신이 '무리 짐승의 도덕'을 위한 기관이자 '천민의 도덕'을 위한 기관이라고 매도했던 민주주의에 대한 대안으로 고대 그리스의 귀족 정치를 최적의 국가 형태로 칭송한다. 이런 국가 제도를 그는 고대 그리스적 단어가 가진 의미 그대로 가장 훌륭한 자들의 통치로 이해한다. 그렇지만 니체 자신의 전제에 따르면 귀족 사회는 그 자체로 모순이 많다. 가장 큰 모순은 아마 위버멘쉬와 힘에의 의지가 갖는 특징에서 발생한다. 모든 가치로부터 해방된 각 개인이 각자 자기만의 법과 힘에의 의지를 따른다면, 이들이 어떻게 여전히 한 공동체 내에서 함께 살 수 있겠는가? 니체는 그의 예언자 차라투스트라를 통해 오묘한 대답을 내놓는다.

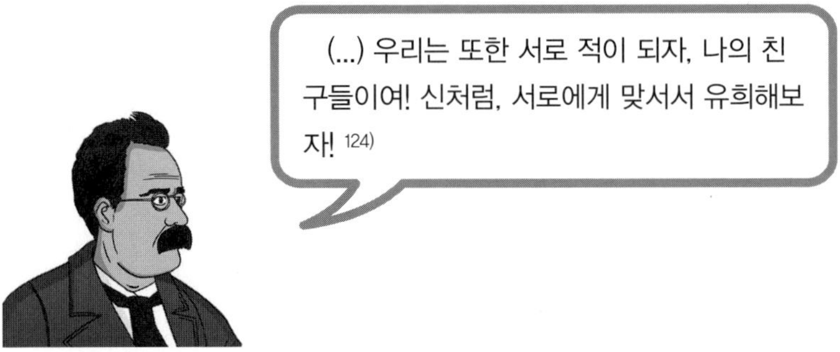
(...) 우리는 또한 서로 적이 되자, 나의 친구들이여! 신처럼, 서로에게 맞서서 유희해보자! 124)

니체는 미완으로 남겨진 대작 『힘에의 의지』에서 그 뜻을 보완한다.

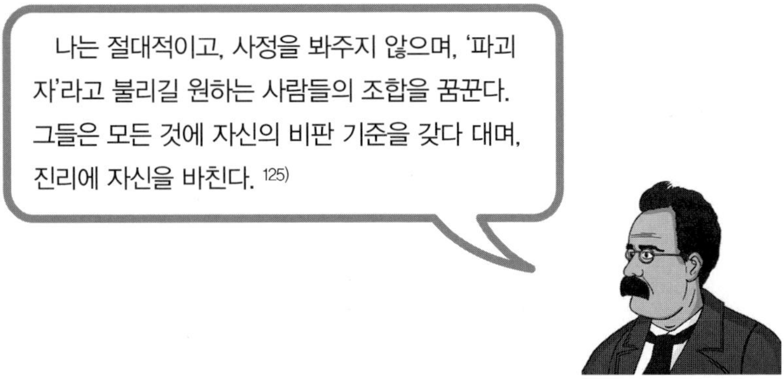
나는 절대적이고, 사정을 봐주지 않으며, '파괴자'라고 불리길 원하는 사람들의 조합을 꿈꾼다. 그들은 모든 것에 자신의 비판 기준을 갖다 대며, 진리에 자신을 바친다. 125)

이와 같은 몇 가지 암시로부터 니체가 어떤 사회를 염두에 뒀는지 짐작해볼 수 있다. 그곳은 서로 다양성을 인정하고 자신들의 가치를 위해서 우호적으로 투쟁하는 자유로운 인간이 모인 하나의 무정부적이고 호전적이며 논쟁을 즐기는 사회다. 이와 관련해서 또 흥미로운 것은 소위 '미래의 범죄자'라는 니체의 또 다른 급진적 비전이다. 이 '미래의 범죄자'는 자기 자신이 입법자이자 행위자이고, 재판관이기도 하다.

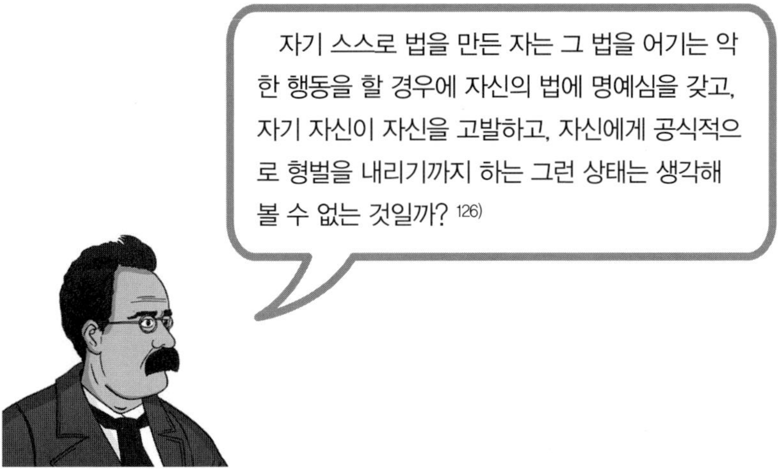
자기 스스로 법을 만든 자는 그 법을 어기는 악한 행동을 할 경우에 자신의 법에 명예심을 갖고, 자기 자신이 자신을 고발하고, 자신에게 공식적으로 형벌을 내리기까지 하는 그런 상태는 생각해 볼 수 없는 것일까? [126]

재미있는 생각이다. 하지만 이 '미래의 범죄자'가 자기 자신은 악행을 저지른 자가 아니라고 할 경우를 생각해 보자. 그래서 소위 자신이 동료라고 생각하는 다른 위버멘쉬들이 그러하듯 그 자신도 행위의 근거를 힘에의 의지에서 찾는다면, 공공의 가치에 대한 합의란 기대할 수 없을 것이다. 최상의 경우라고 해봐야, 욕망의 무정부상태가 도래하든지, 독창적인 혼돈이 난무할 것이다. 최악의 경우에는 만인의 만인에 대한 투쟁과 전쟁이 일어난다. 이는 이미 법치 국가가 아니다.

두말할 것 없이, 잘 기능하는 도덕이란 결국 교통 도로 표시판, 신호등, 노면표시로 이루어진 교통 표지 체계와 같다. 그것은 모든 사람이 똑같이 지키고 따름으로써 유지된다. 멋들어진 개인적인 일탈, 가령 어느 날 빨간 불에 갑자기 출발해 보는 실험을 허용할 여유는 많지 않다. 몇몇 부분에서 나타나듯, 힘에의 의지를 따르면서 자기만의 가치를 만들어내는, 해방되고 고양된 많은 수의 개인이 결국 함께 살 수 없다는 근본적인 문제에 대해서는 니체 자신도 잘 알고 있다.

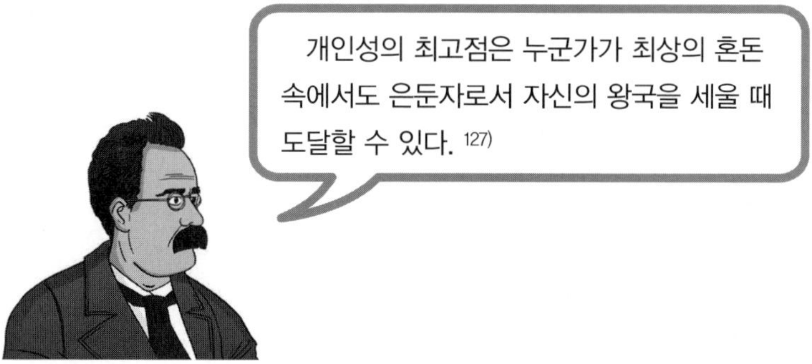
개인성의 최고점은 누군가가 최상의 혼돈 속에서도 은둔자로서 자신의 왕국을 세울 때 도달할 수 있다. 127)

그러나 우리가 모두 은둔자가 될 순 없기 때문에 공동체의 문제는 여전히 풀리지 않은 채로 남게 된다. 차라투스트라에서 니체는 위버멘쉬의 발전을 당연하듯이 어떤 국가 조직에서 찾지 않는다. 게다가 이것은 독에 중독되어 버렸다.

좋은 사람이든 나쁜 사람이든 모두 독배를 마시게 되는 곳, 나는 그곳을 국가라고 부른다. 모두 자기 자신을 잃어버리는 곳, 그곳이 국가다. (...) 국가가 끝나는 곳, 바로 거기서 비로소 인간이란 것이 시작된다. 128)

이런 말을 한다고 무턱대고 니체를 무시할 수도 없다. 그는 매우 정확하고도 놀라운 선견지명으로, 대두하고 있는 민족(국가)주의, 사회주의, 민주주의, 반유대주의, 사회진화론, 그리고 현대의 자본주의를 비판했다. 하지만 귀족적 무정부주의라는 자신의 정치적 비전은 결국 실현되지 않았다. 그는 정치 이론을 다루는 사상가가 아니었으며, 오히려 그만큼 더 훌륭한 심리학자였다.

니체는 우리가 순수하고 높은 도덕심을 가진 정신적 존재가 아니라 비사회적인 격정, 혹은 다른 말로 정동(Affekt, 情動)을 지닌 충동적 존재라는 것을 상기시켜주었다. 그리고 니체에 따르면, 이러한 정동과 맺는 관계는 더 이상 지난 세기 동안 그랬던 것처럼 숨 막히는 억압과 배제일 수 없으며 그래서도 안 된다.

(...) 단지 선하기만 한 존재와 단지 악하기만 한 존재라는 저 이분법적인 사고는 바로 이런 반(反)자연에 해당하는 것이다 (...) 이에 따르면 하나는 존재할 권리를 갖고 있고, 나머지 하나는 결코 존재하면 안 된다 (...). [129]

니체는 충동에 대한 억압과 신앙인들이 지닌 잘못된 겸손과 복종의

자리에 '모든 것에 대한 권리'를 갖고 있는 자유정신을 맞서 세워둔다. 모든 사람은 저마다 자신의 선하고 악한 충동과 맺을 책임감 있는 관계를 발견해야 한다. 여기에 왕도는 없다.

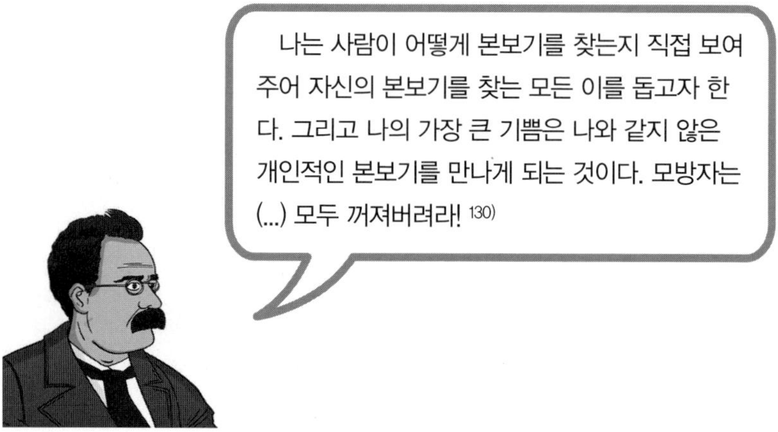
나는 사람이 어떻게 본보기를 찾는지 직접 보여주어 자신의 본보기를 찾는 모든 이를 돕고자 한다. 그리고 나의 가장 큰 기쁨은 나와 같지 않은 개인적인 본보기를 만나게 되는 것이다. 모방자는 (...) 모두 꺼져버려라! 130)

3.2. 디오니소스적으로 사는 것 – 직감을 믿는 것!

육체(몸)에 대한 경멸만큼 니체가 많은 비판을 가한 건 없다. 도취적이고 무질서하면서 창조적인 육체적 요소, 다른 말로 인간의 디오니소스적인 면은 천 년 동안 논리적 사고와 이성 때문에 억제되어왔다. 이는 과거에나 지금도 건강에 해로운 일이다.

그래서 니체는 순수한 영혼과 순수한 이성을 요구하는 형이상학자들과 성직자들을 향해 육체를 경멸하는 자들이라고 비방하고 그들에게 빈정대며 아예 육체 없이 살아보라고 권한다.

> 육체 혐오자들에게 나는 한 마디 하려고 한다. 그들은 새로 배워서 새로 가르칠 필요가 없다. 그저 그들의 육체에 작별을 고하고, 잠자코 있으면 된다. [131]

육체에 대한 경멸은, 육체는 불경하며 정신을 위해 존재할 뿐이라고 주장하는 플라톤 철학과 유대교, 가톨릭, 프로테스탄트 교회에 의해 이천 년 이상 지속되어 왔다. 하지만 니체는 처음으로 우리 몸과 동물적 혈통을 인정해야 한다고 요구한 사람이었다. 그의 위대한 신조는 다음과 같다.

> 나는 전적으로 육체일 뿐, 그 외에 아무것도 아니다. [132]

또, 그는 이미 프로이트보다도 앞서서 양심의 기원이 진화의 2차 현상이라는 걸 알아챘다. 양심은 원초적이거나 신성하지 않다. 그것은 우리가 더 이상 원시 시대처럼 정동과 충동의 형태로 외부에 표출하지 못하고 우리 자신에게 향하는 본연의 동물적 에너지에서 나온다.

뿐만 아니라, 이는 아마 심층 심리학적으로 그의 가장 큰 업적이기도 한데, 그는 '생각하는 나'를 우리 존재의 보증인이자 지배권자로 보는 데카르트의 '나는 생각한다 고로 존재한다'라는 명제에 의문을 던진다. 우리는 인간이 호모 사피엔스로서 이성의 지시에 따라 행동한다고 생각하지만, 니체의 생각은 다르다. 그에 따르면, 실제로 궁극적인 결정을 내리는 것은 육체이고 우리는 그 육체의 은폐되고 무의식적인 의지를 따를 뿐이다.

육체는 하나의 거대한 이성이다 (...). 형제여, 네가 '정신'이라고 부르는 네 작은 이성 또한 네 육체의 도구, 즉 네 거대한 이성(=육체)의 작은 도구이자 장난감이다. 133)

위 인용문에서 니체는 정신과 신체의 위계질서를 거꾸로 뒤집는다. 이전까지 사람들은 이성과 정신이 신체를 제어하고 지배한다고 생각했다. 인간은 이성적 존재이기 때문이다. 그런데 이제 니체는 그와 반대로 주장하고 있다. 육체야말로 우리를 이끄는 '거대한 이성'이다. 반대로 지성이란, 독립적으로 결정을 내릴 능력이 없는 '작은 이성'일 뿐이다. 많은 칭송을 받아왔던 '생각하는 이성'은 결국 우리의 자아가 너무도 쉽게 믿고 싶어 하는 환상에 불과하다. 하지만 일상 속에서 그 이성은 이성이 작동하기 전에 우리 몸이 원했었고, 대부분의 경우 우리 몸이 이미 실행한 것을 뒤늦게 정당화할 뿐이다.

너는 '자아(Ich, 나)'라고 말하고는 이 말에 자부심을 느낀다. 그러나 네가 믿고 싶어 하지 않는 더 거대한 것이 있다. 그건 바로 네 육체와 그 육체가 가진 거대한 이성이다. 그것은 '자아'를 말로 하는 게 아니라 그 '자아'를 실행한다. [134]

훗날 정신분석가 프로이트는 '합리화(Rationalisierung)'라는 용어를 통해 '자아(나)'는 자신이 조종한다고 믿고 있지만 실제로는 이미 육체

에 의해 수행된 행동에 대한 이성적 근거를 보충하는 것에 만족해야 하는 과정이라고 설명한다. 또한 프로이트는 "자아는 자신의 집에서 주인이 아니다"라는 유명한 문장을 통해 '생각하는 나'에 대한 니체의 비판을 거의 본래 의미 그대로 이어받았다.

정신분석과 20세기 전체와 21세기 초반의 새로운 인간상에 있어서 니체가 갖는 의의는 가히 엄청나다. 그의 철학은 이런 면에서 시대의 전환점으로 이해될 수 있다. 그는 사람들이 민족(국가)주의, 사회주의, 그리고 자본주의로 이탈하는 사이에 '유럽의 허무주의'가 도래할 것임을 예측했을 뿐만 아니라 인간이 결코 데카르트, 칸트, 흄 등 계몽주의자들의 주장처럼, 순수한 이성적 존재가 아니라고 인식했다. 니체에게 인간은 항상 그의 무의식적인 디오니소스적 욕망과 욕구에 따라 살고, 그래야만 하는 '자연인(Homo natura)'이자 충동적 존재다.

여기서 나는 그리스인의 디오니소스를 내세운다. 바로, 삶에 대한 긍정, 부정되지도 않고 양분되지도 않은 삶 전체에 대한 긍정이다. 135)

그런데 이러한 생각이 오늘날 무슨 소용이 있을까? 니체에 따르면 우리는 논리적 사유라는 코르셋에 묶여 온몸이 굳어져 있다. 그런 나머지 우리 문화는 매사에 논리적 근거를 요구한다. 우리는 사고의 독재에 사로잡혀 있다. 질서를 잡고 형태를 부여하는 원리가 승리한다. 그러나 각각의 인간은 또한 자기 안에 도취적이고 창조적인 힘을 갖고 있다. 니체는 지금까지 오직 무의식적으로만 작용했던 힘들을 다시 열어 놓으라고 우리에게 강권한다. 자신의 디오니소스적인 움직임을 과도하게 억압하는 사람은 병에 들 위험이 있기 때문이다.

인간에게 가장 혹독한 벌은 무엇인가? 겸손이다: 자신의 가장 고유한 욕구에 귀 기울이지 않는 것이다. (...) – 자기 자신에 대한 존중이 부족할 때, 그것은 온갖 종류의 손실로 되돌아온다. 바로 건강, 쾌감, 자부심, 명랑함, 자유, 견고함, 용기와 우정의 손실들로. [136]

니체에 뒤이어 지그문트 프로이트는 그의 환자들에게, 그들이 언젠가 살아보지 않은 삶 때문에 괴로워하고 싶지 않다면 삶에서 바라는 많은 것을 도덕적인 이유 때문에 억압하지 말라고 권한다. "타고난 소

질이 허용하는 것보다 더 고결한 마음을 갖고 싶어 하는 사람은 모두 신경증 환자가 된다." [137] 니체는 이를 다음과 같이 표현했다.

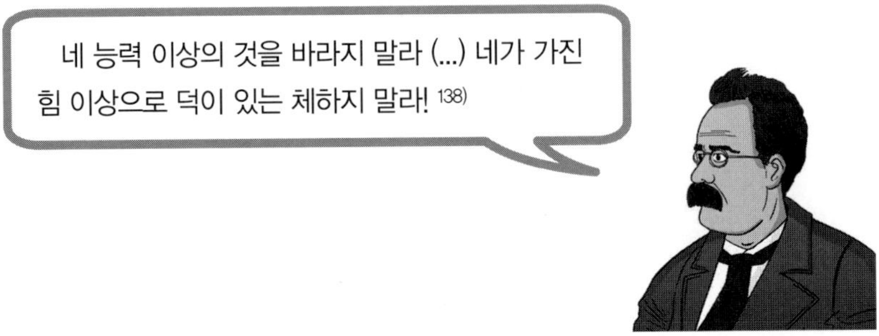
네 능력 이상의 것을 바라지 말라 (...) 네가 가진 힘 이상으로 덕이 있는 체하지 말라! [138]

니체와 프로이트에게 있어서 건강한 삶은 고귀한 차원에서 즐겁게 사는 것, 그리고 자신의 가장 고유한 잠재력을 펼치는 것이다. 프로이트는 이러한 생각으로 심리 치료를 발달시켰고 그의 치료는 사람들에게 과거의 트라우마 경험과 초자아로부터 나오는 양심의 가책, 그리고 살아보지 않은 삶으로 인한 괴로움 등 여러 장애를 없애 주었다. 그런데 니체가 권유하는 디오니소스적인 삶의 태도는 치료법을 넘어서서 무슨 도움이 될까? 그게 실용적일까? 문화적인 성도덕과 사회 규범을 지키지 않아도 되는 걸까?

자신의 분노를 표출하고, 상사에게 의견을 똑바로 얘기하고, 심지어 직장을 그만둬버리는 것은 실제로 도움이 될 수도 있다. 또한 자신의 감정과 직감, 쾌락을 우선적으로 따르는 것은 확실히 솔깃한 일이다. 하지만 니체 자신도 인정하듯 이는 많은 경우 사회 규칙을 위반하는 것일 뿐만 아니라 다른 사람들에게 고통과 분노를 일으키는 것이기도 하다. 디오니소스적으로 사는 사람들은 대개 그들의 동시대인들에게는 아주 피곤한 인간이다. 돈 후안이 버리고 떠난 여자들의 상처 입은 마음이나 진화생물학적인 인식 없이도 일부다처제에 끌리는 남자들이 그런 디오니소스적인 부분을 발휘할 때 발생하는 관계의 위기를 생각해 보자. 아니면 때때론 공격적이고 어떤 때는 미쳐 날뛰는 복수 행위가 낳을 수많은 예측할 수 없는 결과를 생각해 봐도 되겠다.

어쨌든 니체는 디오니소스적인 삶을 따르는 데 있어서 자신의 감각적인 부분을 결연히 펼쳐내는 것, 그 이상을 염두에 두고 있다. 니체가 말한 그대로, '삶의 고양', 즉 '더 높은 자신'을 열정적으로 펼치는 것이 그에게는 중요하다.

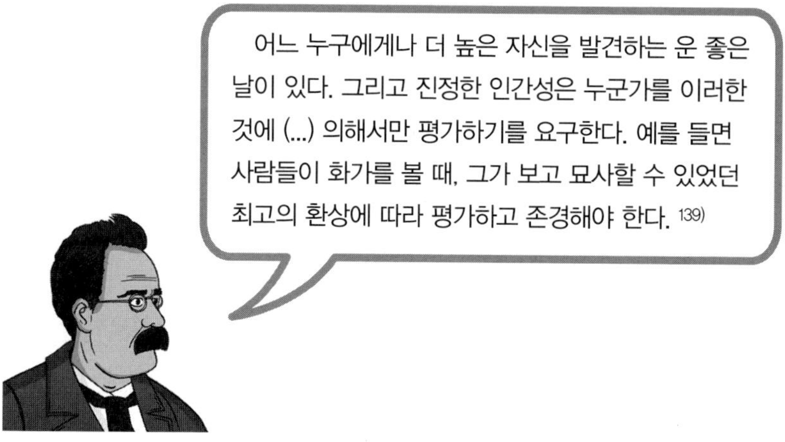
어느 누구에게나 더 높은 자신을 발견하는 운 좋은 날이 있다. 그리고 진정한 인간성은 누군가를 이러한 것에 (...) 의해서만 평가하기를 요구한다. 예를 들면 사람들이 화가를 볼 때, 그가 보고 묘사할 수 있었던 최고의 환상에 따라 평가하고 존경해야 한다. 139)

예를 들어, 화가 빈센트 반 고흐는 홀로 그의 '더 높은 자신'을 믿는 동시에 자신의 디오니소스적인 비전을 믿었다. 그는 그의 가장 깊은 곳에 있는 감각으로부터 우러나왔지만 그의 동시대인들에게는 전혀 이해되지 않았던 표현주의 스타일로 그림을 그렸고, 그의 스타일은 그가 죽고 나서야 세계적으로 유명해졌다. 고흐 자신은 평생 사람들에게 알려지지 않은 무명 화가였고 가난 속에서 생을 마감했다. 하지만 오늘날 그의 그림들은 세계에서 가장 비싼 작품에 속한다. 니체 또한 이와 비슷했다. 그는 35세 이후 바젤 대학의 퇴직 교수로 연금을 조금씩 받기는 했지만 출판인과 독자의 관심을 받지 못했기 때문에 몇몇 책은 스스로 출판 비용을 부담했고, 그가 조금이나마 유명해진 건 생의 끝자락에서였다. 하지만 니체에 따르면, 다른 사람의 인정과 의견으로부터 어느 정도 독립심을 갖는 것은 오직 자신의 본성만을 믿는 위대한 인간의 핵심적인 특징 세 가지를 말한다.

첫째, 그[위대한 인간]는 그의 전체 행위에서 (...) 모든 사소하고 무의미한 일 자체를 업신여긴다 (...).
둘째, 그는 더 차갑고, 엄격하고, 주저함이 없으며, '의견'을 두려워하지 않는다 (...).

셋째, 그는 (…) 자기 자신을 직접적으로 이해한다, 그 누구를 통해서가 아니라. 그의 안에는 (…) 어떠한 법정도 갖지 않은 자신에 대한 고유한 재판권이 있다. 이것이 그의 안에 있는 고독이다. [140]

여기서 말하는 새로운 디오니소스적 인간에 대한 니체의 생각은 사회의 속박을 넘어서서 자기 자신을 드러내는 예술가에게 맞춰진 것으로 보일지 모른다. 하지만 우리 역시 '비 예술가'로서 니체의 호소로부터 무언가를 얻어낼 수 있다. 우리가 모두 비대한 지성과 대중 매체를 통해 짜인 순응의 문화 속에 살고 있는 바로 오늘날, 다시금 더 강력하게 자신의 고유한 본능을 허용하는 것은 우리를 더할 나위 없이 자유롭게 해 줄 것이다.

3.3. 너 자신이 돼라! 위버멘쉬로 향한 세 단계 길

'과감히 ~하다', '감행하다', '모험'은 니체가 가장 자주 사용하는 단어다. 그는 가장 고귀한 충동을 억압에서 풀어내기 위하여 습관과 도덕, 그리고 평범함이라는 안전한 피난처를 포기하라고 요구한다.

그러나 우리는 우리 자신이 되길 원한다. (...) 자기 스스로 창조하는 자가 되길 원한다! 141)

자신이 갖고 있는 최고의 창조적 잠재력을 발휘하기 위해서는 삶의 특정한 시점에 이르러 숨겨져 있는 자기 존재의 핵심으로 가는 문턱을 넘어야 한다. 그런데 우리는 어떻게 이 문턱에 다다를 수 있을까? 니체의 예언자 차라투스트라는 동명의 책 『차라투스트라는 이렇게 말했다』 앞부분에 나오는 유명한 비유를 통해 답한다.

나, 너희에게 정신의 세 가지 변화를 이야기하겠다. 바로 어떻게 정신이 낙타가 되고, 낙타는 사자가 되며, 마침내 사자는 아이가 되는지를. [142]

이에 따라 개별 인간과 문명 전체의 삶에서 위버멘쉬로 향하는 길에는 세 가지 과정이 있다. 인간은 가장 먼저 부모와 교사에 의해 부과된 형태 그대로 산다. 다시 말해 가정교육을 통해 배운 모든 도덕적 책무와 학교에서 배운 지식을 잔뜩 짊어지고 산다.

(...) 짐을 지는 정신, 그것은 낙타처럼 무릎을 꿇고서 짐이 잘 실리길 바란다. [143]

또한 낙타는 수십 세기 동안 교회를 통해 지속된 인간에 대한 감독, 제한, 억압을 상징한다. 하지만 낙타는 언젠가 있는 힘을 다해 싸우는 사자로 변하고, 교육과 사회가 부여한 모든 도덕적 굴레를 갈기갈기 찢어버린다. 이것이 어른이 되는 과정이고, 해방의 과정이다. 낙타가 '너는 ~해야 한다'라는 말을 듣는 반면, 사자는 '나는 ~하고자 한다'라고 말한다. 그러므로 사자는 옛 도덕 가치들의 붕괴와 떠오르고 있는 허무주의의 여명을 나타낸다. 이 사자는 예전부터 이어져 온 모든 것에서 벗어난 위대한 해방자이지만, 그런데도 아직은 어떤 새로운 가치도 만들어내지 못한다.

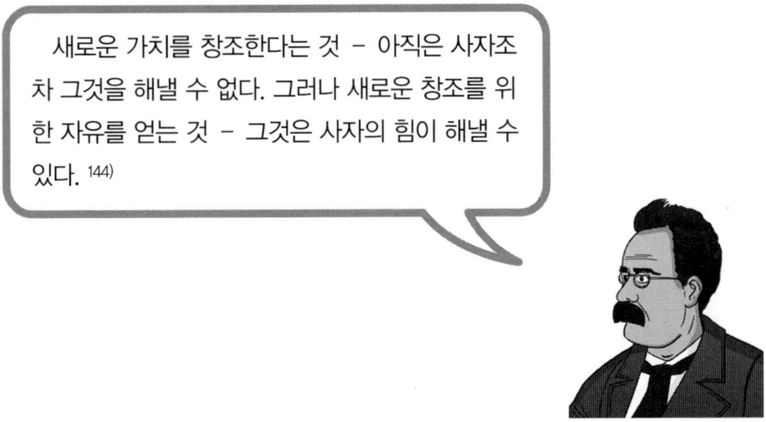
새로운 가치를 창조한다는 것 – 아직은 사자조차 그것을 해낼 수 없다. 그러나 새로운 창조를 위한 자유를 얻는 것 – 그것은 사자의 힘이 해낼 수 있다. 144)

사자가 선사하는 해방의 일격은 문화사적으로도 개인적으로도 중요하다. 하지만 결코 목표는 아니다. 해방과 함께 발생하는 모든 가치의 허무주의는 곧, 또다시 극복되어야 하기 때문이다. 사람은 허무주의에 안주해선 안 된다. 니체가 말하길, 몇 시간이고 자신이 무엇으로

부터 해방되었고 무엇을 등지고 떠나왔는지 말할 수 있는 사람은 많다. 하지만 '무엇으로부터의 해방' 자체는 충분하지 않다.

> 나는 너를 지배하고 있는 생각에 대해서 듣고 싶지, 네가 어떤 속박으로부터 벗어났다는 것에 대해서는 듣고 싶지 않다. (...) 무엇으로부터 자유로운 것인가? 그것이 차라투스트라와 무슨 상관인가? 그러나 너의 눈은 내게 분명히 알려줘야 한다. 무엇을 향한 자유인가? [145]

즉, 우리가 무엇을 결정하는지, 우리가 자유를 가지고 무엇을 시작하는지가 중요하다. 사람들은 어쩌면 위버멘쉬로 향하는 세 가지 단계를 니체의 생애를 따라가며 그려볼 수도 있다. 프로테스탄트 목사의 아들로 태어난 니체는 5세 때 아버지를 여의었다. 이후 첫 번째 단계에서 그는 순전히 여자들로 이루어진 가정에서 자라며 어머니에게 경건한 기독교 교육을 받았고, 엄격하기로 유명한 명문 기숙학교 슐포르타를 다녔다. 참을성 많은 낙타의 단계, 즉 엄격하고 종교 색이 짙은 학교 교육을 받은 첫 번째 단계를 지난 후, 스물한 살의 니체는 고서

점에서 쇼펜하우어의 책『의지와 표상으로서의 세계(Die Welt als Wille und Vorstellung)』를 손에 넣게 된다. 사자의 단계가 시작됐다. 그는 이 책을 단숨에 읽고는 가차 없이 기독교와 결별하고, 가장 혹독한 비판가가 된다. 또한 그는 고전적인 정신 철학과는 완전히 인연을 끊는다. 그러나 비로소 삶의 세 번째 단계에 이르렀을 때, 그는 이제 그의 시적인 대표작『차라투스트라는 이렇게 말했다』와 위버멘쉬라는 구상을 통해 자신만의 사유를 믿고 자신만의 비전을 발전시키는 일을 감행한다. 니체는 자신이 만든 비유에서 이 세 번째 단계를 사자가 놀이하는 아이로 변화하는 것이라고 말한다.

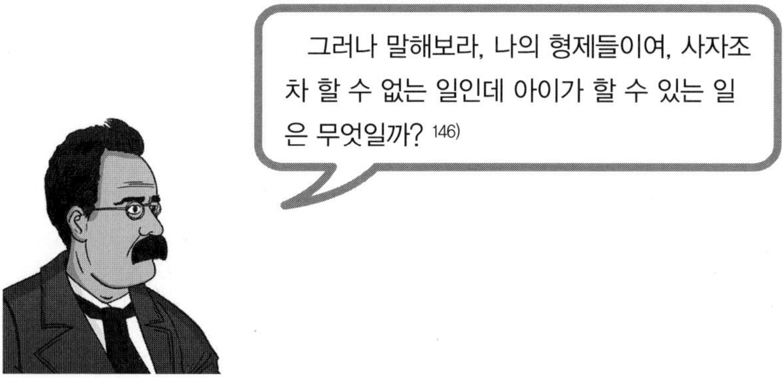
그러나 말해보라, 나의 형제들이여, 사자조차 할 수 없는 일인데 아이가 할 수 있는 일은 무엇일까? [146]

사자가 놀이하는 아이로 변화하는 것은 '더 높은 인간'으로 향하는 길에서 니체가 우리에게 보여주는 이미지 중 단연 눈에 띈다. 왜냐하면 아마 세 번째 단계, 즉 위버멘쉬로 향한 변화의 과정 중에서 모든 것을 결정짓는 바로 그 단계에서 오히려 어떤 강력한 동물이나 아예

무적의 힘을 가진 상상 속 동물을 기대하기 때문이다. 그게 아니더라도 아이의 모습을 생각하진 않을 것이다.

하지만 우리는 마지막 변화의 의미를 직감적으로 이해할 수 있다. 오직 놀이하는 아이만이 더 높은 인간이 될 수 있는 결정적 잠재력을 지니고 있다. 아이는 이전부터 사람들이 짊어져 왔던 거추장스러운 짐에서 자유롭고, 순진무구하며 호기심이 많다. 또한 아이는 생명력이 넘치고 활동하고자 하는 욕구로 가득 차 있으며 전혀 때 묻지 않은 존재다.

아이는 순진무구이자 망각이며, 새로운 시작, 하나의 놀이이고, 자기 힘으로 돌아가는 바퀴이며, 최초의 운동, 신성한 긍정이다. 그렇다, 창조의 놀이를 위해서는 (...). [147]

놀이하는 아이는 해방의 역사에서 대단원에 해당한다. 오래된 짐을 떨쳐내고 밖으로 나오는 것이다. 평생 자기만의 새로운 추상예술 기법을 위해 분투했던 화가 피카소도 스스로 전통 회화의 굴레에서 벗어난

것에 대해 유사한 비유를 사용하여 표현한다. '어려지는 것은 매우 오래 걸린다.'

바로 이것이 니체의 메시지이기도 하다. 우리가 다시 놀이하는 아이로서 어떠한 짐도 지지 않은 채로 세계에 가까워질 만큼 어려지기 위해서는 긴 시간이 필요하다.

인간의 성숙: 그것은 그가 아이일 때 놀면서 가졌던 진지함을 재발견하는 것을 말한다. [148]

그런데 오늘날 니체의 사유는 우리에게 어떤 도움이 되는 걸까? 우리는 모두 다 낙타, 사자, 그리고 유희하는 아이라는 세 단계를 거치는 걸까? 완전히 평범한 일상 속에서도 어떤 특정한 시점에 이르러 다시 어려질 수 있는 기회가 있을까? 어쩌면 흔히 말하는 중년의 위기가 바로 오래된 짐을 뿌리치고 다시금 새로운 자신을 발견하게 되는 지점인 걸까? 그렇다면 니체는 아이들이 모두 장성하여 집을 떠나자, 홀연히 직장을 그만두고 할리 데이비슨을 타고 세계를 누비는 기혼 남자를

생각한 걸까? 그렇지 않다. 니체는 시적인 언어로 그 이상의 더 많은 것을 요구한다.

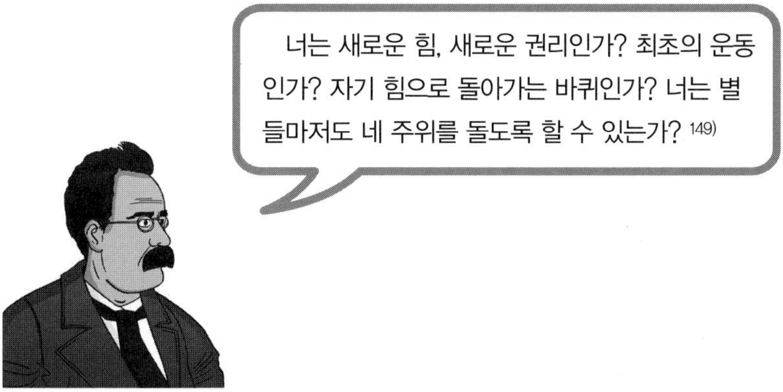
너는 새로운 힘, 새로운 권리인가? 최초의 운동인가? 자기 힘으로 돌아가는 바퀴인가? 너는 별들마저도 네 주위를 돌도록 할 수 있는가? 149)

즉, 니체에게는 쾌락주의적으로 새로운 가치를 정립하거나 직업적으로 새로운 방향을 설정하는 것 그 이상이 중요하다. 더 높은 인간으로 향하는 길은 실존적으로 자기 자신을 고양시키는 행위다. 유희하는 아이에게 있어서 인간적인 정신은 원래 있는 그대로가 되고, 원래 있을 수 있는 그대로가 된다. 다시 말해 자유로워진다. 이제 그 정신은 그의 삶이 어떤 방향으로 가야 할지를 스스로 결정한다.

니체가 위버멘쉬에 대해 우리에게 알려준 특징을 모두 종합해보면, 위버멘쉬란 호기심 있고 놀이하는 아이이면서 열정적이고 허영 없이 자신의 목표에 대한 의무를 다하는 창조적인 존재다. 그러나 이 존재는 자신의 힘에의 의지를 따르고 있기도 하다. 이 존재가 자신의 가장 숭고한 목표를 발견했을 때, 그는 자기 자신과 다른 이들에게 강하게 맞서며 어떤 희생이라도 감수한다.

하지만 그것이 우리에게 무슨 의미가 있는가? 평범한 인간이 위버멘쉬의 길로 접어들어 낙타에서 사자로, 사자에서 놀이하는 아이로 가는 세 단계 변화를 완수할 수 있을까? 니체의 요구는 그 자신도 얘기하듯, 그의 말을 듣고 싶어 하는 모든 이에게 향한다. 하지만 노예 상태에서 자유롭게 자신을 개진하는 길은 매우 현실적이면서 중요한 전제를 필요로 한다. 바로 시간이다.

모든 인간은 어느 시대에서나 그랬던 것처럼 지금도 여전히 노예와 자유인으로 나뉜다. 왜냐하면 하루 3분의 2를 자기 자신을 위해 갖지 못하는 사람은 노예이기 때문이다. 그렇다고 해도 그는 자신이 원하는 누군가, 즉 정치인, 상인, 공무원, 학자일 수 있다. 150)

자기만의 창조력을 펼쳐내는데 필요한 대전제 역시 자기 안에 있는 잠재력을 감지하고 실현할 시간을 갖는 것이다. 하루 8시간의 노동이 끝난 뒤, 많은 것은 뒷전이 된다. 프랑스에서는 이미 여러 분야에서 하루 6시간 노동이 이루어지고 있는데, 이는 일을 적게 할 경우 실제로 하루 3분의 2를 창조력 발휘에 쓸 수 있게 한다. 그렇다면 가령 프랑스인들이나 반나절 근무를 하는 사람들은 디오니소스적으로 자신을 개발할 수 있는 더 많은 기회를 갖는 걸까? 그리고 무엇보다도, 자신의 삶을 고양시키는 일은 오직 작가, 시인, 화가, 작곡가 등 예술가에게만 남겨진 몫인 걸까? 아니면 가령 아이를 혼자 키우는 싱글 맘도 그런 '더 높은 존재'로 향하는 길에 설 수 있을까? 그녀 또한 자신이 살아온 세계를 등지고 많은 희생을 감수해야만 이 삶을 살 수 있는데도 불구하고 이를 선택할 수도 있다. 이때 이를 고귀한 목표라고 말할 수 있지 않겠는가?

당연히 그녀는 위버멘쉬의 특징 중 다수를 충족시키고 있다. 만약 그녀가 직감적이면서 디오니소스적으로 도전을 받아들이고 아이를 낳고, 두 번째 단계에서는 그녀가 누려온 싱글로서의 삶을 완전히 포기하고 모든 사회적인 관습과 저항에서 자유로워지고, 그런 다음 세 번째 단계에서 아버지 없이도 사랑과 안정을 주는 균형 잡힌 행위를 해낸다면, 그때 이것은 의지가 일궈낸 엄청난 성과일 것이다. 하지만 많은 위대한 예술가처럼 이러한 성과는 보통 사회적으로 전혀 눈에 띄지 않는다. 그렇지만 이야말로 위버멘쉬의 '허영심 없는 특성'에 걸맞다고 할 수 있다. 니체는 항상 다시금 이 특성에 대해 강조하고 그런 삶의 성과가 '더 높은 인간'에게 적합한 것이라고 말하곤 했다.

혼자서 아이를 키우는 싱글 맘, 그녀는 괴테, 나폴레옹, 또는 반 고흐와 같은 위버멘쉬일까? 우리는 '더 높고 고귀한 인간'이라는 니체의 비전을 사실상 가장 고귀한 잠재력을 펼치라는 요구로 이해해도 되는 걸까?

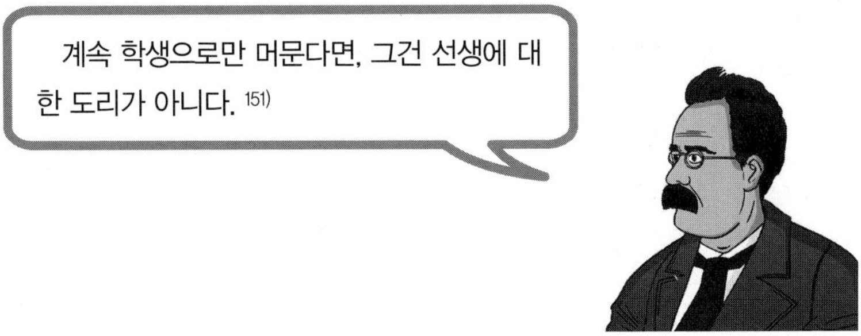
계속 학생으로만 머문다면, 그건 선생에 대한 도리가 아니다. [151]

3.4. 삶을 향한 긍정 – 기쁨과 슬픔을 모두 끌어안는 것!

니체의 핵심 사유는 오늘 우리에게 어떤 도움이 될까? 결국 그가 얘기하고자 하는 것은 아주 간단하다. 삶은 누구에게나 고통스럽다는 것이다. 이 세상에서 괴로워하지 않는 사람, 언젠가 한 번쯤 버림받지 않은 사람, 외롭지 않은 사람, 가까웠던 사람을 잃지 않은 사람, 절대 실패하지 않은 사람, 다른 사람과 자기 자신을 절대 상처주지 않은 사람, 큰 패배를 인정할 필요가 없는 사람, 언젠가 노화와 병으로 힘들어하지 않는 사람은 없다. 또한 아이들조차도 우리에게 많은 기쁨을 주긴 하지만, 그런데도 다음과 같은 격언은 유효하다. '작은 아이는 작은 걱정덩어리이고, 큰 아이는 큰 걱정덩어리다.' 단언컨대 삶은 항상 고통이다.

니체는 이렇게 반박할 여지없고 심오한 통찰을 그의 스승인 쇼펜하우어와 공유한다. 그러나 그는 이런 통찰에서 스승과는 다른, 더 극단적인 결론을 보여준다. 우리는 삶의 고통에 직면했을 때, 어떠한 경우에도 삶에 '아니오'라고 말하며 삶을 부정해선 안 된다. 쇼펜하우어와 불교인들이 권하는 것처럼 금욕, 명상, 예술 감상을 통해 뒤로 물러나는 것 대신, 니체는 우리에게 훨씬 더 거대한 과제를 요구한다. 우리는 삶을 통째로 받아들여야 한다. 그리고 우리 위장(胃腸)은 삶이 요구하는 것들을 소화할 능력을 가지고 있다.

괴로움에 대한 용기. 지금 우리가 그렇듯, 우리는 꽤 많은 양의 불쾌를 견딜 수 있고, 우리의 위장은 이 무거운 음식물[불쾌]을 소화할 준비가 되어 있다. 이런 불쾌가 없으면 아마 삶이라는 식사 시간이 무미건조할 것이다. 그리고 고통을 기꺼이 받아들이려는 의지가 없다면 우리는 틀림없이 너무 많은 기쁨을 놓칠 것이다. 152)

여기서 니체는 '고통을 기꺼이 받아들이려는 의지'와 '괴로움에 대한 용기'를 권하고 있다. 왜냐하면 인간이란 존재가 이 둘을 모두 가지고 있기 때문이다. 한 번 상기해보자. 고대 비극의 그리스 영웅도 막강한 적과 싸우고 수많은 고통을 겪는다. 하지만 그런데도, 혹은 바로 그렇기 때문에 그는 영웅이다. 니체가 알려주는 것처럼 각 개별 인간은 자기 안에 이 영웅적 면모를 지니고 있으며 그에 따라 살아야 한다.

그렇다. 나의 친구들이여, 나와 함께 디오니소스적 삶과 비극의 재탄생을 믿어보자. 소크라테스적 인간의 시간은 끝이 났다. (...) 이제 과감히 비극적 인간이 되어 보자. [153)]

우리는 비극적 인간이 되어야 한다. 니체는 기독교처럼 고통을 벌로 여기는 것이 아니라 오히려 하나의 표창으로 받아들인다. 고통을 대하는 니체의 이러한 디오니소스적 접근법을 누구보다 훌륭하고 정확하게 표현한 이가 있었는데, 바로 니체가 가장 높이 평가했던 그의 정신적 형제인 작가 괴테다: "무한한 자들인 신들은 모든 것을 주신다. 그들이 사랑하는 자들에게 아낌없이, 모든 기쁨을, 무한한 것으로서, 모든 고통을, 무한한 것으로서, 전부 주신다." 즉 긍정하는 삶이란 삶이 가져오는 크고 작은 고통을 받아들이는 것을 의미한다. 왜냐하면 쾌락과 고통은 서로 떼어 놓을 수 없게 연결되어 있기 때문이다.

고통은 또한 즐거움이고, 저주는 또한 축복이며, 밤은 또한 태양이다. (...) 그대들은 언젠가 어떤 즐거움에 대해 좋다고 말한 적이 있는가? 오, 나의 친구들이여, 그런 적이 있다면 그대들은 모든 괴로움에 대해서도 좋다고 말한 것이다. 모든 것은 사슬로 묶여 있고, 실로 꿰어져 있으며, 사랑으로 이어져 있다. [154]

그러나 모든 것이 불가분한 관계로 엮여 있다면, 논리적으로 봤을 때, 사람들은 쾌락만을 항상 새롭게 만끽하길 바랄 게 아니라 삶의 어두운 것들에 대해서도 무제한적으로 긍정해야 한다.

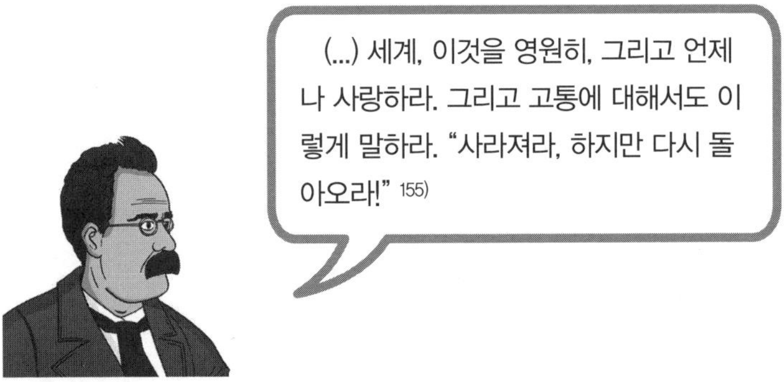
(...) 세계, 이것을 영원히, 그리고 언제나 사랑하라. 그리고 고통에 대해서도 이렇게 말하라. "사라져라, 하지만 다시 돌아오라!" [155]

우리가 위 인용문처럼 해낼 수 있다면 보상을 받을 것이다. 고통스러운 사건들은 종종 그런 상황으로 인해 더 단단해지도록 만들어 준

다. 어쩌면 그와 유사한 경험 때문에 니체는 많이 인용되는 다음의 말을 남겼을 것이다.

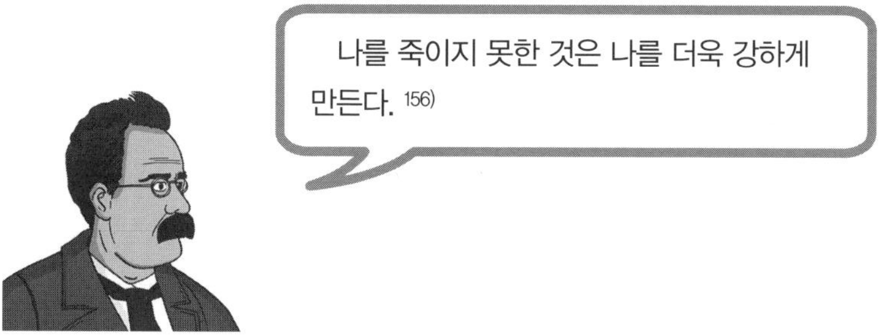
나를 죽이지 못한 것은 나를 더욱 강하게 만든다. [156]

세계 곳곳에서 무언가 일이 매우 잘못되거나 고통스러운 상황에 처할 때마다 사람들이 너무나 쉽게 이 문장을 인용한다는 것은 놀랍지 않다. 그런데 우리가 경험하는 수많은 정신적, 신체적 고통을 고려해 볼 때, 니체가 말하는 의미에서 매일매일 비극적이고 디오니소스적으로 살아야겠다는 결심을 어떻게 할 수 있을까라는 질문이 생긴다.

(...) 하지만 어쩌면 이것이야말로 삶의 가장 강력한 마법일지도 모른다. 바로 삶 위에 가능성이라는 아름다운 금실로 짜인 베일이 덮여 있다는 것. 약속하고, 반항하면서, 수줍어하고, 비웃고, 동정하며, 유혹하는. [157]

즉, 삶이라는 마법이 우리로 하여금 계속해서 나아가도록 만들고 우리 의지에게 무언가를 창조해낼 새로운 양분을 준다.

창조! 그것은 고통으로부터의 위대한 구원이며, 삶을 가볍게 해주는 것이다. 하지만 창조하는 자가 존재하기 위해서 그 자신은 고통이 필요하고, 많은 변화의 과정(Verwandlung)이 필요하다. [158]

창조라는 순간 속에 있을 때 잠시 고통으로부터 해방될 수 있다. 그래서 많은 이가 소위 '플로우(flow, 몰입)'라고 하는 무언가에 흠뻑 빠져 있는 상태에 열광하는 것이고, 이 상태 속에서 완전히 그 일과 일체가 된다. 그러나 이러한 창조조차도 변화함(Verwandlung)과 고통에서 기인한다. 삶이란 그 깊은 곳에 모든 것을, 즉 변화의 과정, 고통, 즐거움을 동시에 요구한다. 마치 끝이 없는 오르막과 내리막처럼.

세계는 깊다.
그리고 낮이 생각한 것보다 더 깊다.
그것의 고통은 깊다.
즐거움 - 이는 가슴의 상심보다 더 깊다.
고통은 말한다, "사라져라!"
하지만 모든 즐거움은 영원을 바란다.
깊고, 깊은 영원을 원한다.[159]

니체는 생 철학의 위대한 대표자다. 비록 그가 심리학자이자 철학자로서 그 이전 또는 이후에 있었던 누구보다도 인간의 유약함, 즉 인간의 허영, 원한, 그리고 잘못된 우상 숭배를 예리하게 간파해내긴 했지만, 그는 삶을 향해 무한한 지지를 보내기도 했다. 그리고 그 자신은 비록 은둔하며 고독하게 그의 저서를 집필했지만, 그는 관능(감각)과 신체, 그리고 디오니소스적 본능 발휘를 수호한 사람이었다. 그가 우리에게 남긴 위대한 유산은 이성주의로부터의 해방을 향한 열정적인 호소다. 우리 실존을 움직이는 유일한 키잡이는 이성도, 지성도, 논리적으로 체계화하는 사고도 아닌 우리 안의 아이가 되어야 한다.

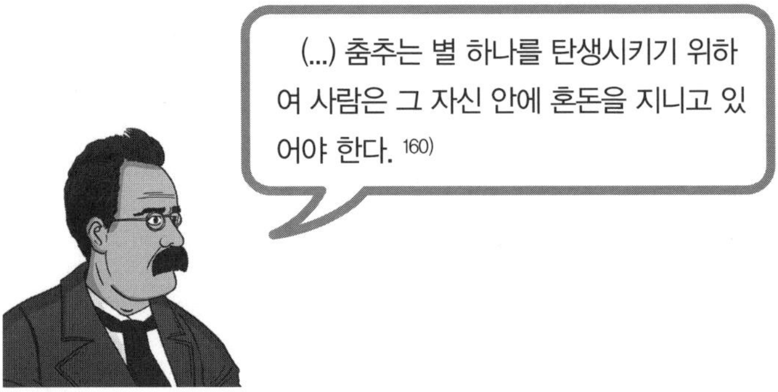
(...) 춤추는 별 하나를 탄생시키기 위하여 사람은 그 자신 안에 혼돈을 지니고 있어야 한다.[160]

옮긴이의 말

니체는 지금 우리나라에서 가장 인기 있는 철학자 중 하나다. 시중엔 그에 대한 책이 넘쳐나고 있다. 이 책 『1시간에 읽는 니체』의 미덕은 짧은 분량에 니체를 효과적으로 소개한다는 데 있다. 그리고 이것을 성공해 내고 있다. 물론 이 책에 대한 불만도 분명 존재할 것이다. 좀 더 깊은 내용까지 다뤄주었으면 하는 아쉬움이 그것일 것이다. 하지만 그보다 기본적으로 니체를 바라보는 저자의 입장에서 나올 수 있겠다. 니체의 철학은 다양하게 그리고 극단적으로 정반대로까지 해석된다. 한편에서는 파시즘과 나치 사상에 자양분을 준 것으로, 그 반대편에서는 이러한 전체주의적 사유에 맞선 철학으로도 읽힌다. 이 책은 니체를 나치와 파시즘의 교량으로 읽는 것을 분명히 반대하지만, 그렇다고 시중에 넘쳐나는 니체를 소위 (그 반대편에 서 있는 자들이 비난하기 위해 이름 붙인 바를 사용하자면) 낭만화하여 보는 것에도 분명히 반대의 목소리를 내고 있다.

니체를 사랑하는 자들에게 이것이 불만이 될 수 있겠다. 왜냐하면 이런 입장에 서게 되면, 그의 철학의 깊이를 제대로 읽지 못하게 방해한다고 느끼기 때문이다. 예를 들어, 이런 입장 차가 가장 첨예하게 드러나는 부분 중 하나가 '도덕', '윤리', '모럴'에 대한 입장이다. 니체는 단순하게 말하면, 극단적 개인주의적 사유를 대변한다. 그렇기에 기존의 모든 전통적 윤리관에 맞서 있으며, 자신을 규정짓는 모든 것에 맞서, 스스로 자신을 매 순간 새로이 이해하려고 한다. 하지만 여기에 이 책 저자의 의구심이 개입된다. 개인의 자유는 무한대일까? 이것은 타인에게 해가 되지 않을까? 그렇다면 이는 위험한 사유 아닐까? 이런 질문과 의문에 대해 어떤 이들은 니체를 잘못 이해한 것이라고 비난할 수 있겠다. 니체 철학의 정수로 가는 길을 막고 있다며 말이다. 하지만 이런 의구심으로 가득 찬 질문은 니체 사유의 절정에 있는 '힘에의 의지', '영원회귀', '초인' 혹은 '위버멘쉬'에서도 여전히 물어져야 할 물음이다.

예를 들어, 이 책 『1시간에 읽는 니체』가 밝히고 있는 '영원회귀'에 대한 주장은 인정받는 하나의 입장이기는 하나, 이에 대한 다양한 해석 중 하나에 불과하다. 하지만 이를 서양 정신사의 '영감(Inspiration)'이나 '관조(Kontemplation)'를 통해 이해하지 않는다면 의미 파악의 절반에도 못 미치게 될 것이다. 이 책 『1시간에 읽는 니체』는 이점에서 분명한 한계를 갖는 것처럼 보인다. (이 책의 번역자인 필자도 니체를 소위 낭만적으로 보려는 성향이 강한 자에 속한다) 그러나 이런 입장은 부정되거나 무시되어서는 안 된다.

'위버맨쉬'는 단순히 나를, 그리고 모든 규정짓는 것과의 대결뿐 아니라, 모든 규정지으려는 '나'와의 맞서 있음이다. 이는 철저히 '인간'으로 머물러 있고자 함이다. '인간적인 너무나 인간적인'. 이 점에서 니체의 '위버멘쉬'는 예수 그리스도가 자신을 소개할 때 쓰는 '인자

(Menschensohn)', 즉 '인간의 아들'과 너무나 닮았다. 가장 인간적인 것이 가장 신적인 것과 닿아 있다. 하지만 그 순간, 다시 말해 도덕적 우위를 내려놓는 순간, 그는 바로 그것으로 인해 타인에 대한 도덕적 우위에 서게 된다. '위버멘쉬'로의 상승은 곧 추락해 버린다. 그런 점에서 이 책의 물음은 니체의 핵심 사유의 정점에서도 여전히 유효하다. 니체 철학의 출발점뿐 아니라, 니체 철학의 정수에서도 물어져야 하는 질문을 하고 있기 때문이다. 사실 니체를 낭만화하는 자들이 결국 니체를 죽인다.

이 책의 번역은 필자와 필자의 제자 강진영 씨의 공동작업에 의해 이루어졌다. 그리고 도움을 준 대학원생 손치완 씨와 손채린 씨에게도 감사드린다.

이성주

주 석

1) KSA 4, 102, 차라투스트라는 이렇게 말했다, 베푸는 덕에 대하여

2) KSA 3, 481, 즐거운 학문, 125

3) KSA 13, 189, 유고 [1887-1889], 11[411]

4) KSA 3, 480f, 즐거운 학문, 125

5) KSA 3, 481, 즐거운 학문, 125

6) KSA 2, 46, 인간적인 너무나 인간적인, 최초와 최후의 사물들에 대하여 25

7) KSA 13, 92, 유고 [1887-1889], 11[235]

8) KSA 3, 256, 아침놀, 419

9) KSA 6, 61, 우상의 황혼, 잠언과 화살 14

10) KSA 13, 365, 유고 [1887-1889], 14[182]

11) KSA 12, 321, 유고 [1885-1887], 7[67]

12) KSA 2, 307f, 인간적인 너무나 인간적인, 국가에 대한 조망 473

13) KSA 3, 155f, 아침놀, 175

14) KSA 6, 141, 우상의 황혼, 어느 반시대적 인간의 편력 39

15) KSA 3, 481, 즐거운 학문, 125

16) KSA 4, 102, 차라투스트라는 이렇게 말했다, 베푸는 덕에 대하여 3

17) KSA 4, 14, 차라투스트라는 이렇게 말했다, 머리말 3

18) KSA 4, 16, 차라투스트라는 이렇게 말했다, 머리말 4

19) KSA 4, 297, 차라투스트라는 이렇게 말했다, 꿀 봉납

20) KSA 11, 611, 유고[1884-1885], 38[12]

21) KSA 13, 266, 유고 [1887-1889], 14[89]

22) KSA 13, 471f, 유고 [1887-1889], 15[113]

23) KSA 6, 170, 안티크리스트, 2

24) KSA 13, 235f, 유고 [1887-1889], 14[36]

25) KSA 1, 151, 비극의 탄생 24

26) KSA 1, 152, 비극의 탄생 24

27) KSA 6, 72, 우상의 황혼, 소크라테스의 문제 10

28) KSA 6, 72, 우상의 황혼, 소크라테스의 문제 10

29) KSA 1, 132, 비극의 탄생 20

30) KSA 5, 267, 도덕의 계보, 제1논문 – 선과 악, 좋음과 나쁨 7

31) KSA 5, 286, 도덕의 계보, 제1논문 – 선과 악, 좋음과 나쁨 16

32) KSA 11, 102, 유고 [1884-1885], 25[344]

33) KSA 6, 252, 안티크리스트, 62

34) KSA 12, 268, 유고 [1885-1887], 7[4]

35) KSA 12, 268, 유고 [1885-1887], 7[4]

36) KSA 3, 160, 아침놀, 185

37) KSA 13, 473, 유고 [1887-1889], 15[113]

38) KSA 11, 557, 유고 [1884-1885], 36[15]

39) KSA 13, 266f, 유고 [1887-1889], 12[89]

40) KSA 2, 590, 인간적인 너무나 인간적인, 방랑자와 그의 그림자 83

41) KSA 4, 14, 차라투스트라는 이렇게 말했다, 머리말 3

42) KSA 5, 321f, 도덕의 계보, 제2논문 – '죄', '양심의 가책' 및 기타 16

43) KSA 5, 322, 도덕의 계보, 제2논문 – '죄', '양심의 가책' 및 기타 16

44) KSA 5, 322, 도덕의 계보, 제2논문 – '죄', '양심의 가책' 및 기타 16

45) KSA 5, 322, 도덕의 계보, 제2논문 – '죄', '양심의 가책' 및 기타 16

46) KSA 5, 322, 도덕의 계보, 제2논문 – '죄', '양심의 가책' 및 기타 16

47) KSA 5, 322, 도덕의 계보, 제2논문 – '죄', '양심의 가책' 및 기타 16

48) KSA 5, 322, 도덕의 계보, 제2논문 – '죄', '양심의 가책' 및 기타 16
49) KSA 5, 323, 도덕의 계보, 제2논문 – '죄', '양심의 가책' 및 기타 16
50) KSA 5, 322f, 도덕의 계보, 제2논문 – '죄', '양심의 가책' 및 기타 16
51) KSA 5, 323, 도덕의 계보, 제2논문 – '죄', '양심의 가책' 및 기타 16
52) KSA 13, 461, 유고 [1887–1889], 15[92]
53) KSA 2, 576, 인간적인 너무나 인간적인, 방랑자와 그의 그림자 52
54) KSA 1, 877, 유고 [1870–1873], 비도덕적 의미에서의 진리와 거짓에 관하여
55) KSA 1, 878, 유고 [1870–1873], 비도덕적 의미에서의 진리와 거짓에 관하여
56) KSA 1, 877, 유고 [1870–1873], 비도덕적 의미에서의 진리와 거짓에 관하여
57) KSA 1, 880, 유고 [1870–1873], 비도덕적 의미에서의 진리와 거짓에 관하여
58) KSA 1, 880, 유고 [1870–1873], 비도덕적 의미에서의 진리와 거짓에 관하여
59) KSA 1, 879–882, 유고 [1870–1873], 비도덕적 의미에서의 진리와 거짓에 관하여
60) KSA 1, 880, 유고 [1870–1873], 비도덕적 의미에서의 진리와 거짓에 관하여
61) KSA 1, 884, 유고 [1870–1873], 비도덕적 의미에서의 진리와 거짓에 관하여
62) KSA 1, 880f, 유고 [1870–1873], 비도덕적 의미에서의 진리와 거짓에 관하여
63) KSA 1, 881, 유고 [1870–1873], 비도덕적 의미에서의 진리와 거짓에 관하여
64) KSA 9, 327, 유고 [1880–1882], 7[52]
65) KSA 1, 888, 유고 [1870–1873] 비도덕적 의미에서의 진리와 거짓에 관하여
66) KSA 13, 44, 유고[1887–1889], 11[96]
67) KSA 11, 610f, 유고[1884–1885], 38[12]
68) KSA 13, 261, 유고[1887–1889], 14[81]
69) KSA 13, 261, 유고[1887–1889], 14[81]
70) KSA 11, 504, 유고[1884–1885], 34[247]
71) KSA 12, 424, 유고[1885–1887], 9[151]
72) KSA 13, 262, 유고[1887–1889], 14[82]

73) KSA 12, 105, 유고[1885-1887], 2[88]
74) KSA 12, 89, 유고[1885-1887], 2[63]
75) KSA 12, 167, 유고[1885-1887], 2[205]
76) KSA 12, 167, 유고[1885-1887], 2[205]
77) KSA 2, 445, 인간적인 너무나 인간적인, 혼합된 의견과 잠언들 164
78) KSA 6, 140, 우상의 황혼, 어느 반시대적 인간의 편력 38
79) KSA 6, 140, 우상의 황혼, 어느 반시대적 인간의 편력 38
80) KSA 6, 171, 안티크리스트, 4
81) KSA 2, 199, 인간적인 너무나 인간적인, 좀더 높은 문화와 좀더 낮은 문화의 징후 237
82) KSA 12, 524, 유고[1885-1887], 10[118]
83) KSA 12, 398, 유고[1885-1887], 9[107]
84) Helmut Schmidt, in: Giovanni di Lorenzo, Gespräch mit dem damaligen Bundeskanzler Helmut Schmidt über die Grenzerfahrungen seines Lebens, DIE ZEIT, 30.08.2007, Nr. 36, Hamburg 2007
85) Helmut Schmidt, in: Giovanni di Lorenzo, Gespräch mit dem damaligen Bundeskanzler Helmut Schmidt über die Grenzerfahrungen seines Lebens, DIE ZEIT, 30.08.2007, Nr. 36, Hamburg 2007
86) KSA 2, 311f, 인간적인 너무나 인간적인, 국가에 대한 조망 477
87) KSA 2, 311, 인간적인 너무나 인간적인, 국가에 대한 조망 477
88) KSA 5, 275, 도덕의 계보, 제1논문 - '선과 악', '좋음과 나쁨', 11
89) KSA 4, 261, 차라투스트라는 이렇게 말했다, 낡은 서판들과 새로운 서판들에 대하여 20
90) KSA 3, 630f, 즐거운 학문, 377

91) KSA 3, 583, 즐거운 학문, 347

92) KSA 3, 244, 아침놀, 369

93) KSA 4, 102, 차라투스트라는 이렇게 말했다, 베푸는 덕에 대하여 3

94) KSA 12, 225, 유고 [1885-1887], 5[98]

95) KSA 3, 526, 즐거운 학문, 283

96) KSA 12, 530, 유고 [1885-1887], 10[128]

97) KSA 4, 148, 차라투스트라는 이렇게 말했다, 자기 극복에 대하여

98) KSA 13, 303, 유고 [1887-1889], 14[123]

99) KSA 6, 171, 안티크리스트, 5

100) KSA 4, 357, 차라투스트라는 이렇게 말했다, 보다 지체 높은 자들에 대하여 3

101) KSA 13, 498, 유고 [1887-1889], 16[39]

102) KSA 4, 63, 차라투스트라는 이렇게 말했다, 새로운 우상에 대하여

103) KSA 6, 61, 우상의 황혼, 잠언과 화살 12

104) KSA 3, 251, 아침놀, 394

105) KSA 6, 297, 이 사람을 보라, 나는 왜 이렇게 영리한지, 10

106) KSA 6, 171, 안티크리스트, 4

107) KSA 12, 213, 유고 [1885-1887], 5[71], 6

108) KSA 6, 171, 안티크리스트, 4

109) KSA 9, 472f, 유고 [1880-1882], 11[84]

110) KSA 12, 213, 유고 [1885-1887], 5[71], 6

111) KSA 11, 610, 유고 [1884-1885], 38[12]

112) KSA 11, 611, 유고 [1884-1885], 38[12]

113) KSA 4, 253, 차라투스트라는 이렇게 말했다, 낡은 서판들과 새로운 서판들에 대하여 10

114) KSA 4, 274, 차라투스트라는 이렇게 말했다, 회복하고 있는 자 2

115) KSA 3, 209, 아침놀, 262

116) KSA 12, 167, 유고 [1885-1887], 2[205]

117) KSA 12, 524, 유고 [1885-1887], 10[118]

118) KSA 6, 170, 안티크리스트, 2

119) KSA 3, 563, 즐거운 학문, 335

120) KSA 12, 524, 유고 [1885-1887], 10[118]

121) KSA 13, 62, 유고 [1887-1889], 11[132]

122) KSA 4, 81, 차라투스트라는 이렇게 말했다, 창조하는 자의 길에 대하여

123) KSA 5, 152, 선악의 저편, 215

124) KSA 10, 462, 유고 [1882-1884], 13[13]

125) KSA 8, 48, 유고 [1875-1879], 5[30]

126) KSA 3, 160, 아침놀, 187

127) KSA 9, 209, 유고 [1880-1882], 6[60]

128) KSA 4, 62f, 차라투스트라는 이렇게 말했다, 새로운 우상에 대하여

129) KSA 13, 472, 유고 [1887-1889], 15[113]

130) KSA 9, 206, 유고 [1880-1882], 6[50]

131) KSA 4, 39, 차라투스트라는 이렇게 말했다, 육체를 경멸하는 자들에 대하여

132) KSA 4, 39, 차라투스트라는 이렇게 말했다, 육체를 경멸하는 자들에 대하여

133) KSA 4, 39, 차라투스트라는 이렇게 말했다, 육체를 경멸하는 자들에 대하여

134) KSA 4, 39, 차라투스트라는 이렇게 말했다, 육체를 경멸하는 자들에 대하여

135) KSA 13, 266, 유고 [1887-1889],14[89]

136) KSA 13, 464, 유고 [1887-1889], 15[98]

137) 지그문트 프로이트, 〈문명적 성도덕과 현대적 신경병〉, 『문명 속의 불만』, 열린책들 번역서의 번역을 따릅니다.

138) KSA 4, 363, 차라투스트라는 이렇게 말했다, 보다 지체 높은 인간에 대하여 8-13

139) KSA 2, 357, 인간적인 너무나 인간적인, 혼자 있는 사람 624

140) KSA 11, 452, 유고 [1884-1885], 34[96]

141) KSA 3, 563, 즐거운 학문, 335

142) KSA 4, 29, 차라투스트라는 이렇게 말했다, 세 변화에 대하여

143) KSA 4, 29, 차라투스트라는 이렇게 말했다, 세 변화에 대하여

144) KSA 4, 30, 차라투스트라는 이렇게 말했다, 세 변화에 대하여

145) KSA 4, 81, 차라투스트라는 이렇게 말했다, 창조하는 자의 길에 대하여

146) KSA 4, 31, 차라투스트라는 이렇게 말했다, 세 변화에 대하여

147) KSA 4, 31, 차라투스트라는 이렇게 말했다, 세 변화에 대하여

148) KSA 5, 90, 선악의 저편, 94

149) KSA 4, 80, 차라투스트라는 이렇게 말했다, 창조하는 자의 길에 대하여

150) KSA 2, 231f, 인간적인 너무나 인간적인, 좀더 높은 문화와 좀더 낮은 문화의 징후 283

151) KSA 4, 101, 차라투스트라는 이렇게 말했다, 베푸는 덕에 대하여 3

152) KSA 3, 240, 아침놀, 354

153) KSA 1, 132, 비극의 탄생 20

154) KSA 4, 402, 차라투스트라는 이렇게 말했다, 몽중보행자의 노래 10

155) KSA 4, 402, 차라투스트라는 이렇게 말했다, 몽중 보행자의 노래 10

156) KSA 6, 60, 우상의 황혼, 잠언과 화살 8

157) KSA 3, 569, 즐거운 학문, 339

158) KSA 4, 110, 차라투스트라는 이렇게 말했다, 행복이 넘치는 섬들에서

159) KSA 4, 404, 차라투스트라는 이렇게 말했다, 몽중 보행자의 노래 12

160) KSA 4, 19, 차라투스트라는 이렇게 말했다, 머리말 5

Nietzsche, Friedrich(1988): Sämtliche Werke. Kritische Studienausgabe in 15 Einzelbänden, Herausgegeben von Giorgio Colli und Mazzino Montinari, München: de Gruyter. (= KSA)

1시간에 읽는 니체

2021년 9월 1일 초판 1쇄 발행

지은이 발터 지글러
옮긴이 이성주, 강진영
펴낸이 양진화
펴낸곳 ㈜교학도서
공급처 ㈜교학사

등록 2000년 10월 10일 제 2000-000173호
주소 서울 마포구 마포대로 14길 4
대표 전화 02-707-5100
내용 문의 02-707-5271
영업 문의 02-707-5155
전자 우편 kcs10240@hanmail.net
홈페이지 www.kyohak.co.kr

ISBN 979-11-89088-27-9 03160